金颜永昼
——康平辽代契丹贵族墓专题

北京辽金城垣博物馆 编

目录

第一章 陶瓷器 001		
	绿釉鸡冠壶	003
	绿釉鸡冠壶	004
	绿釉鸡冠壶	005
	篦齿纹陶壶	006
	白瓷盘口壶	007
	白瓷碗	008
	青瓷碗	008
	鸡冠壶盖	009
	鸡冠壶盖	009
	酱釉鸡腿瓶	010
	酱釉鸡腿瓶	011
	白瓷鸡冠壶	012
	白瓷鸡冠壶	013
	酱釉陶盆	014
	白瓷花口碟	014
	白瓷碗	015
	定窑莲瓣纹白瓷碗	015
	白瓷盖罐	016
	绿釉花口罐	017
	白釉鸡冠壶	018
	白釉鸡冠壶	019
	白釉黑褐彩梅瓶	020
	白釉黑褐彩梅瓶	021
	绿釉鸡冠壶	022
	密色瓷深腹印花碗	023

密色瓷印花盘	023
青瓷花口碗	024
白瓷碗	025
白瓷盖罐	026
白瓷执壶	027
青瓷盖	028
泥质灰陶罐	029
白瓷深腹碗	030
白瓷盆	031
白釉钵	032
白釉盏	033
白瓷花口执壶	034
灰陶壶	035
绿釉陶盆	036
白釉绿彩陶盆	037
白瓷小碗	038
白瓷小碗	039
仰莲纹白瓷碗	040
印花白瓷碗	041
篦齿纹陶罐	042
篦齿纹陶壶	043
篦齿纹陶罐	044

第二章 金属器 045

金手镯	047
鸾鹤纹铜镜	048
海兽葡萄镜	049
银鎏金手镯	050
金戒指	051
黄金面具	053
花口银盏	054
花口银盏托	055
银筷子	056
花口银盏	057
青铜双鱼佩饰	058
鎏金铜面具	059
铁马镫	060
铁马镫	061
铁箭镞	062

第三章 杂项 063

玛瑙围棋子	065
玛瑙饰件	065
琥珀猴子吊坠	066
琥珀串珠	067
玛瑙管	068
磨石	069
玉臂韝	070
玛瑙璎珞	071

玉臂鞲、海东青与辽代灭亡	袁　婧	072
试论辽代契丹金属葬具	陈晓敏	079
浅析人皇王耶律倍让位始末	王加册	092
小议耶律阿保机建国历史背景	杜若铭	099
辽代四时捺钵的文体活动	王晓颖	106
大同地区辽代壁画墓分期与文化因素浅析	穆　洁	114
辽代石质葬具研究	李　影	120
再论辽代砖室墓的形制	林　栋	132

第一章 陶瓷器

辽代的陶瓷器。黑龙江、吉林、辽宁、内蒙古及河北等地都曾有发现。具有鲜明的地方色彩和独特的民族风格。白瓷以仿定窑为主，胎致密，色纯白。晚期白釉黑花较好，如白釉黑彩梅瓶，图案共有五只动物，姿态优美，头上和脚下均有草丛造型，且都处于奔跑状态，一只狗在追羊，另一只狗在逐鹿，绘画手法写实生动，整体构成一幅狩猎的场景，反映的是契丹贵族秋捺钵的情景，有强烈的草原民族风格，清楚地保留了游猎生活的形迹。器物造型有其独创的风格，如凤首瓶、长颈瓶、鸡腿坛和鸡冠壶等，都是中原地区所罕见。有些品种的造型来自契丹族传统的皮容器和木容器，如鸡冠壶造型具有明显的皮革容器的痕迹，有的甚至把皮条、皮扣、皮雕花、皮绳环梁都一一表现出来。辽瓷，是我国古代陶瓷史上一朵意蕴迷人的奇葩。它是辽代在继承唐朝的传统技术，吸收五代和北宋中原地区新工艺的基础上又发展创新的一种独具特色的陶瓷。其白山黑水般鲜明的地方色彩和浓郁的游牧民族特点，反映了古代契丹族勇猛、刚烈、剽悍的部族气质，是当时政治、经济、文化等社会生活的凝聚和缩影。

绿釉鸡冠壶

高 25 厘米　腹径 15.7 厘米　底径 10 厘米

辽代。康平张家窑林场长白山I区墓群1号墓出土。沈阳博物院（沈阳故宫博物院）·沈阳市文物考古研究所藏。

釉陶，扁身单孔式。上部管状形口，口沿外撇，圆唇。鸡冠状单系，有一圆形穿孔。壶身扁宽，上部方直，下腹圆收，有垂感，矮圈足，平底。通体施浅绿色釉，施釉不及底，壶身下部及足底有白色化妆土。造型规正，具有典型的契丹式风格。

绿釉鸡冠壶

高 31.1 厘米　最大腹径 13.1 厘米　壁厚 0.6 厘米　底径 7.8 厘米

辽代。康平张家窑林场柳条通墓群 M3 出土。沈阳博物院（沈阳故宫博物院）、沈阳市文物考古研究所藏。

釉陶质，绿釉，红胎，施釉不到底，腹下部和足部施白色化妆土，绳索状提梁，梁和口沿均有不同程度的残损。腹部前、后、左、右各施一条竖条堆纹带，腹部带有支烧的痕迹。

绿釉鸡冠壶

高 30.1 厘米　最大腹径 13 厘米　壁厚 0.5 厘米　底径 8.0 厘米

辽代。康平张家窑林场柳条通墓群 M3 出土。沈阳博物院（沈阳故宫博物院）·沈阳市文物考古研究所藏。

特征与上款相同，釉陶质，绿釉，红胎，施釉不到底，腹下部和足部施白色化妆土，绳索状提梁，梁和口沿均有不同程度的残损。腹部前、后、左、右各施一条竖条堆纹带，腹部带有支烧的痕迹。

篦齿纹陶壶

高 23 厘米　口径 10 厘米　腹径 17 厘米　底径 7.7 厘米

辽代。康平张家窑林场长白山I区墓群1号墓出土。沈阳博物院（沈阳故宫博物院）·沈阳市文物考古研究所藏。

泥质灰陶，轮制。侈口，圆唇，高束颈，溜肩，鼓腹弧收，矮圈足，平底。颈、肩之间饰有一周凹弦纹，下腹饰有四条压印篦齿纹带，其余皆素面。

白瓷盘口壶

高 38 厘米 最大腹径 30 厘米

辽代。康平张家窑林场长白山 I 区墓群 3 号墓出土。沈阳博物院（沈阳故宫博物院）·沈阳市文物考古研究所藏。

粗白瓷质，盘口，长颈，溜肩，弧腹，平底。火候较高。肩部上方两道凹弦纹。表白施釉不到底，露出浅粉色化妆土。保存基本完整。

白瓷碗

高 6 厘米　口径 12 厘米

辽代。康平张家窑林场长白山I区墓群2号墓出土。沈阳博物院（沈阳故宫博物院）、沈阳市文物考古研究所藏。

白瓷，残，敞口，壁微弧，小圈足底。火候较高，胎壁较薄，为定窑产品。

青瓷碗

高 5 厘米　口径 10 厘米

辽代。康平张家窑林场长白山I区墓群2号墓出土。沈阳博物院（沈阳故宫博物院）、沈阳市文物考古研究所藏。

青瓷，残，敞口，斜直壁，小圈足底，整体形态呈斗笠状。火候较高，胎壁较薄，为耀州窑产品。

鸡冠壶盖

高 2.5 厘米　长 3 厘米

辽代。康平张家窑林场长白山 I 区墓群 2 号墓出土。沈阳博物院（沈阳故宫博物院）·沈阳市文物考古研究所藏。

深绿釉陶质，保存基本完整，器盖呈鸡心形，盖纽装饰为猴头形象。

鸡冠壶盖

高 2.5 厘米　长 3 厘米

辽代。康平张家窑林场长白山 I 区墓群 2 号墓出土。沈阳博物院（沈阳故宫博物院）·沈阳市文物考古研究所藏。

黄釉陶质，保存基本完整，器盖呈树叶形，并有叶脉纹装饰。

酱釉鸡腿瓶

高 45 厘米 最大腹径 20 厘米

辽代。康平张家窑林场长白山 I 区墓群 3 号墓出土。沈阳博物院（沈阳故宫博物院）·沈阳市文物考古研究所藏。

釉陶材质，小口，圆唇，溜肩，弧腹，平底，通体施釉，胎壁较薄。总体形态矮胖，呈现出辽代早期鸡腿瓶形态特征。保存基本完整。

酱釉鸡腿瓶

高 45 厘米　最大腹径 20 厘米

辽代。康平张家窑林场长白山 I 区墓群 3 号墓出土。沈阳博物院（沈阳故宫博物院）·沈阳市文物考古研究所藏。

釉陶材质，小口，圆唇，溜肩，弧腹，平底，通体施釉，胎壁较薄。总体形态矮胖，呈现出辽代早期鸡腿瓶形态特征。保存基本完整。两件鸡腿瓶只是釉色深浅的区别。

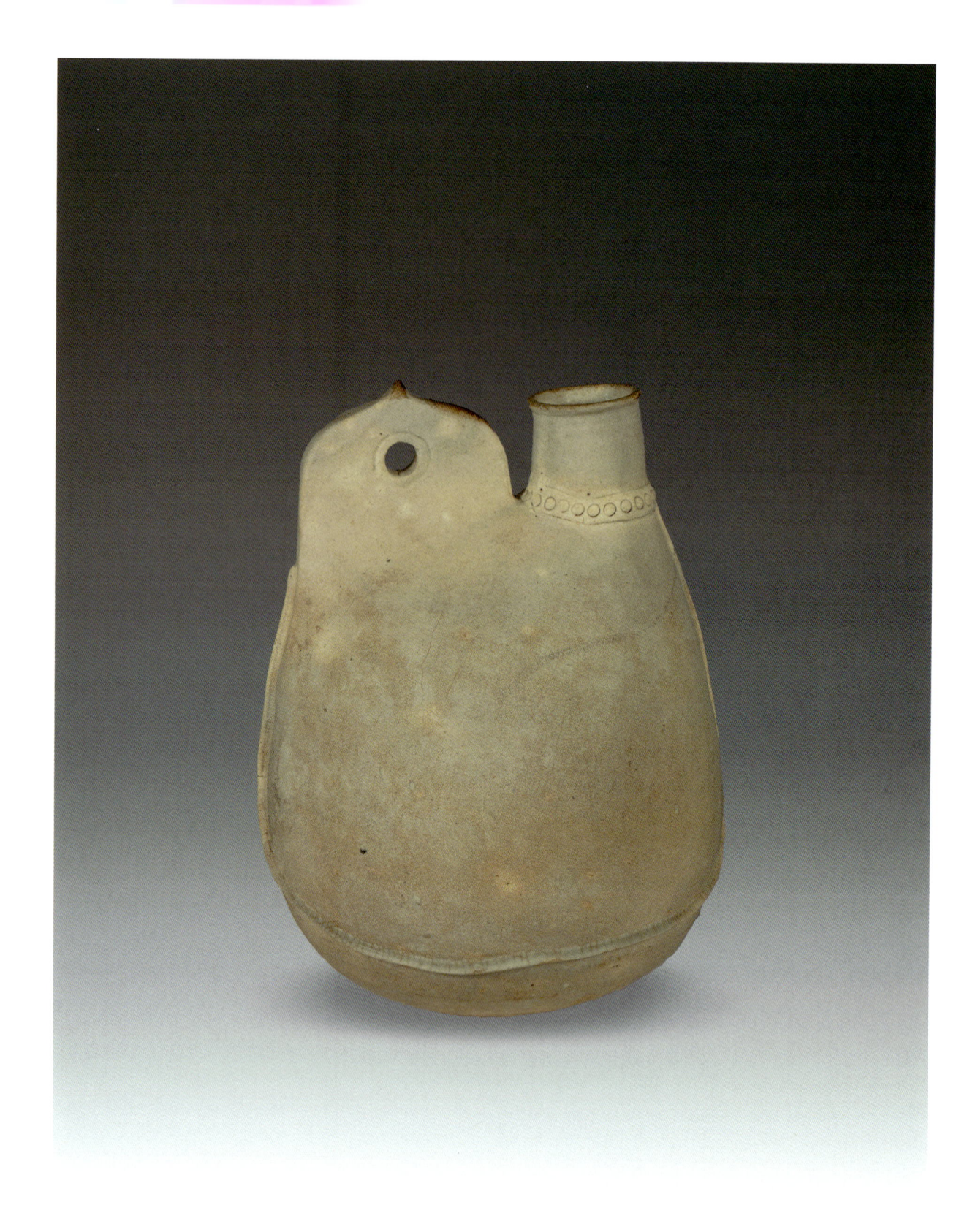

白瓷鸡冠壶
高 24 厘米 口径 4 厘米 底径 8.4 厘米

辽代。康平张家窑林场长白山Ⅰ区墓群 3 号墓出土。沈阳博物院（沈阳故宫博物院）、沈阳市文物考古研究所藏。

白瓷胎，瓷胎较粗糙，器型相扁，单孔，孔的正上方有尖状凸起，壶身饱满，正立面近三角形，整体形态矮胖，侧部有两条仿皮革装饰，平底。具备早期鸡冠壶的特点，时代大体在 10 世纪中期前后。

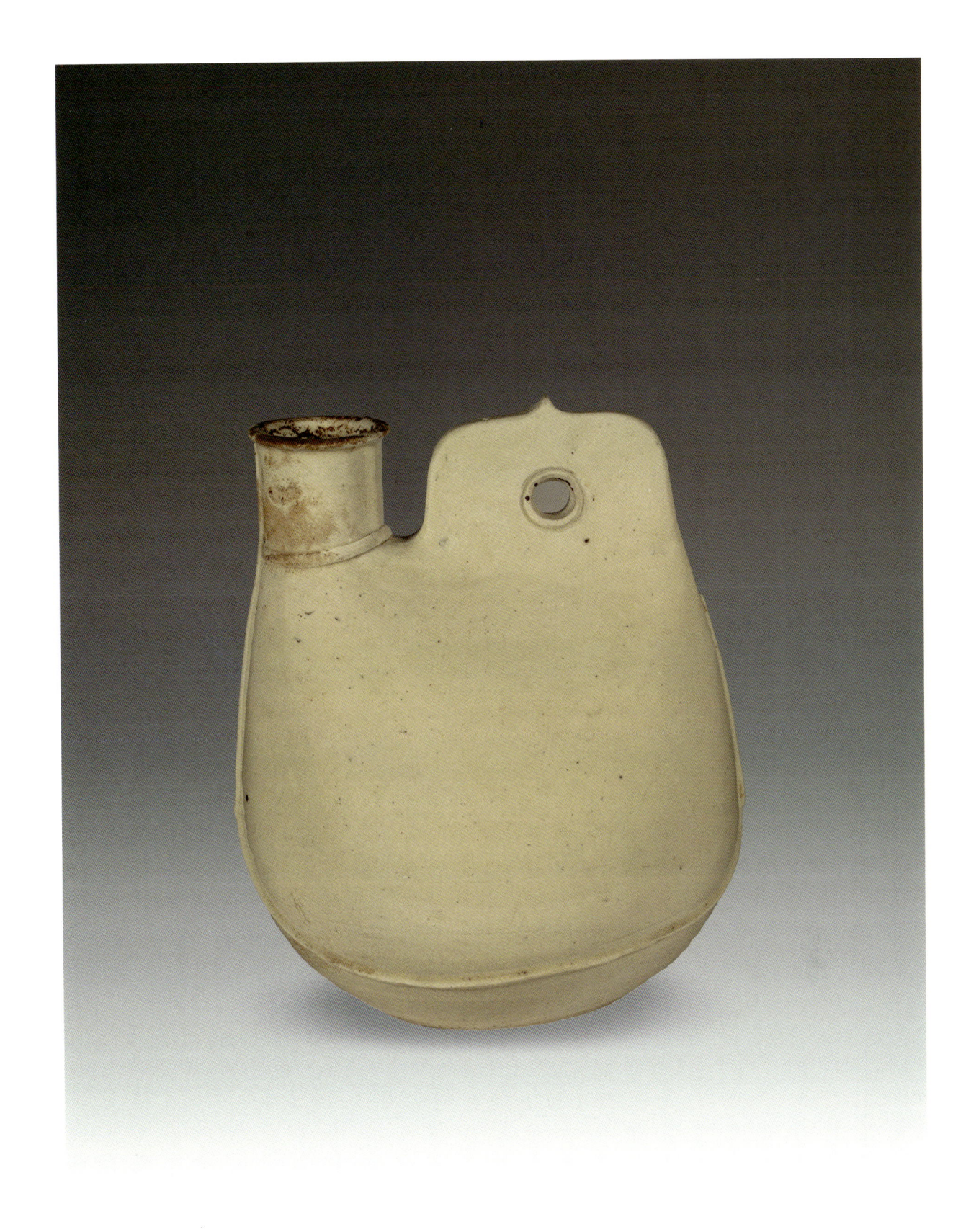

白瓷鸡冠壶

高 23 厘米 口径 5.8 厘米 底径 10.8 厘米

辽代。康平张家窑林场长白山I区墓群3号墓出土。沈阳博物院(沈阳故宫博物院)、沈阳市文物考古研究所藏。

白瓷质,瓷胎较粗糙,器型相同。单孔,孔的正上方有尖状凸起,壶身饱满,正立面近三角形,整体形态较胖,侧部有两条仿皮革装饰,平底。具备早期鸡冠壶的特点,时代大体在10世纪中期前后。

酱釉陶盆

高 7 厘米 直径 36 厘米

辽代。康平张家窑林场长白山 I 区墓群 3 号墓出土。沈阳博物院（沈阳故宫博物院）、沈阳市文物考古研究所藏。

釉陶质地，敛口，圆唇，斜壁，浅腹，平底。胎壁厚重，保存基本完整。

白瓷花口碟

高 2 厘米 直径 10 厘米

辽代。康平张家窑林场长白山 I 区墓群 3 号墓出土。沈阳博物院（沈阳故宫博物院）、沈阳市文物考古研究所藏。

白瓷，花口，浅腹，圈足底。碗口处的花瓣形装饰不明显。共八件，形制尺寸基本相同，保存基本完整。

白瓷碗

高 8.8 厘米　口径 19 厘米　底径 7.4 厘米

辽代。康平张家窑林场长白山Ⅰ区墓群 3 号墓出土。沈阳博物院（沈阳故宫博物院）·沈阳市文物考古研究所藏。

白瓷，侈口，深腹，小圈足底，器型不规整，烧造时略有变形，胎壁较薄，保存基本完整。

定窑莲瓣纹白瓷碗

高 8 厘米　口径 20 厘米　底径 10 厘米

辽代。康平张家窑林场长白山Ⅰ区墓群 3 号墓出土。沈阳博物院（沈阳故宫博物院）·沈阳市文物考古研究所藏。

白瓷，残，侈口，深腹，圈足底，腹壁外侧饰有莲瓣花纹装饰，胎壁较薄。

白瓷盖罐

高 9.8 厘米　口径 9 厘米　最大腹径 13 厘米

辽代。康平张家窑林场长白山 1 区墓群 3 号墓出土。沈阳博物院（沈阳故宫博物院）·沈阳市文物考古研究所藏。

白瓷罐身，尼质灰陶纽盖。罐身直口，圆唇，溜肩，鼓腹，平底，保存基本完好，罐盖残损。

绿釉花口罐

高 9 厘米　口径 7 厘米　最大腹径 10 厘米

辽代。康平张家窑林场长白山 I 区墓群 3 号墓出土。沈阳博物院（沈阳故宫博物院）·沈阳市文物考古研究所藏。

釉陶，花口呈波浪形，弧腹斜向内收，圈足底。绿釉装饰不均匀，局部暴露出白色化妆土。

白釉鸡冠壶

高 27.8 厘米 口径 3.4 厘米 底径 9.1 厘米

辽代。康平张家窑林场长白山I区墓群4号墓出土。沈阳博物院（沈阳故宫博物院）、沈阳市文物考古研究所藏。

提梁呈麻花状，深腹，圈足底。整体形态介于矮胖和修长之间的过渡形态，时代大体在辽中期前后。

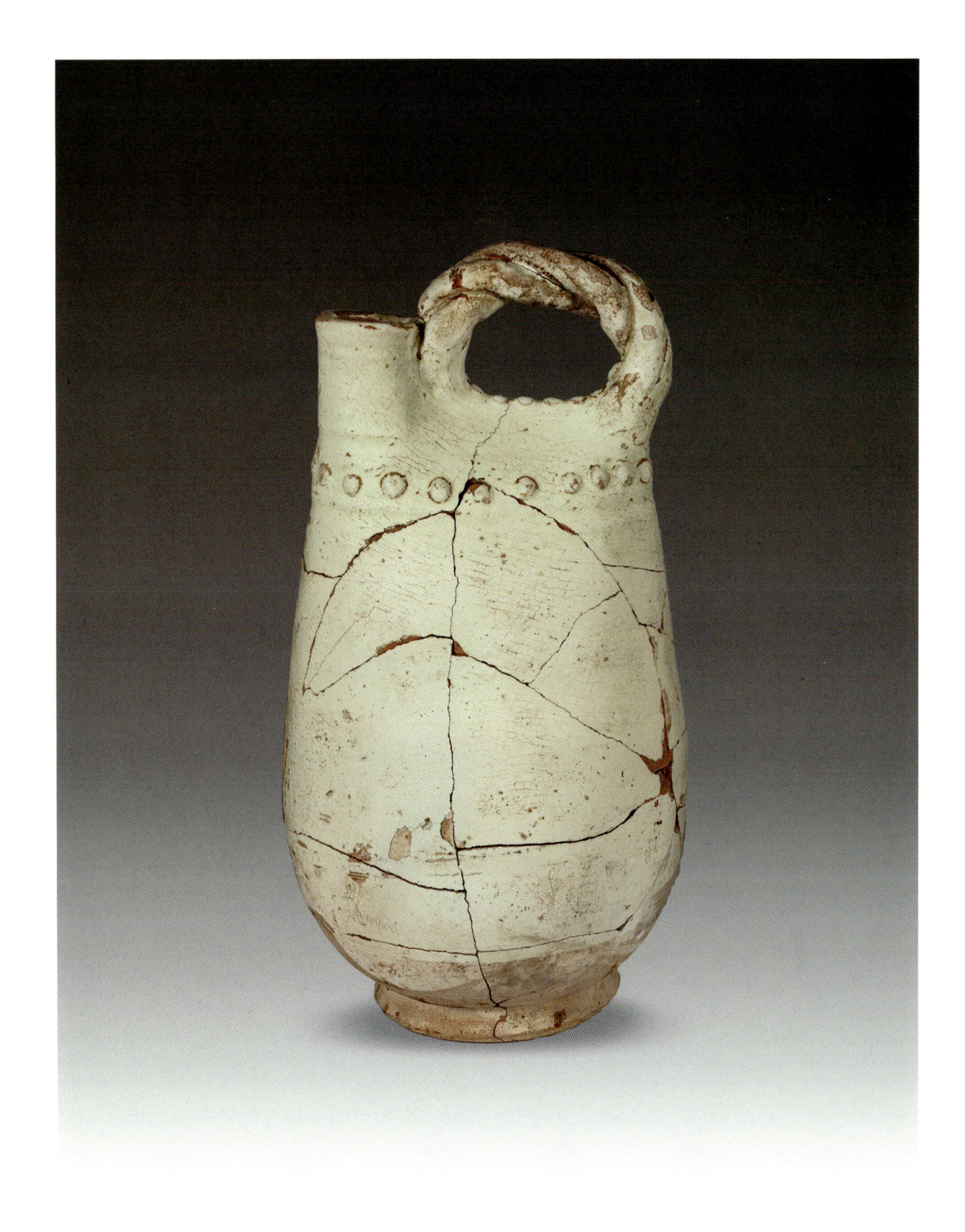

白釉鸡冠壶

高 27.4 厘米　口径 4 厘米　底径 9.2 厘米

辽代。康平张家窑林场长白山I区墓群 4 号墓出土。沈阳博物院（沈阳故宫博物院）・沈阳市文物考古研究所藏。

釉陶，提梁呈麻花状，深腹，圈足底。整体形态介于矮胖和修长之间的过渡形态，时代大体在辽中期前后。

白釉黑褐彩梅瓶

高 32.5 厘米　最大腹径 19.6 厘米　口径 6.5 厘米　底径 9.4 厘米

辽代。康平张家窑林场长白山 I 区墓群 4 号墓出土。沈阳博物院（沈阳故宫博物院）·沈阳市文物考古研究所藏。

瓷质，小口，鼓肩，平底，腹下部内收。图案为白地黑彩，共有五只动物，分别为一只梅花鹿、一只羊、两条狗和一只兔子，动物大小按照真实比例，鹿、羊、狗体积较大的四只动物均匀分布在梅瓶的四个面，两只狗位置相对，中间有鹿和羊相隔，形成狗追鹿和狗追羊的场景。兔子位于梅花鹿的下方，五只动物均呈奔跑状奔跑方向一致，绘画手法写实生动，在动物上方和下方还会有草叶纹图案。整体图案构成一幅狩猎的场景，有专家称之为"秋山图"。

白釉黑褐彩梅瓶

高 29 厘米 最大腹径 19.4 厘米 口径 6.5 厘米 底径 10.5 厘米

辽代。康平张家窑林场长白山Ⅰ区墓群 4 号墓出土。沈阳博物院（沈阳故宫博物院）·沈阳市文物考古研究所藏。

瓷质，小口，鼓肩，平底，腹下部内收。图案为白地褐彩，有五朵盛开的牡丹花位于梅瓶中部，将梅瓶五等分，每朵牡丹花周围有枝叶和花骨朵纹饰缠绕，五组图案纹饰基本相同。在梅瓶颈部下方饰有一周连续的波浪、卷曲线条及圆点构成的组合纹饰。整体纹饰布局饱满，绘画细致，图案精美。

绿釉鸡冠壶

高 25 厘米　腹径 15.7 厘米　底径 10 厘米

辽代。康平张家窑林场长白山Ⅰ区墓群 1 号墓出土。沈阳博物院（沈阳故宫博物院）·沈阳市文物考古研究所藏。

釉陶。扁身单孔式。上部管状形口，口沿外撇，圆唇。鸡冠状单系，有一圆形穿孔。壶身扁宽，上部方直，下腹圆收，有垂感，挖圈足，平底。通体施浅绿色釉，施釉不及底，壶身下部及足底有白色化妆土。造型规正，具有典型的契丹式风格。

密色瓷深腹印花碗

高 8.7 厘米 口径 13.4 厘米 底径 4.2 厘米

辽代。康平张家窑林场长白山I区墓群4号墓出土。沈阳博物院（沈阳故宫博物院）·沈阳市文物考古研究所藏。

密色瓷，侈口，深腹，圈足，碗内侧中心和边缘压印有细线条组成的花纹。胎壁较薄，火候较高，做工精良，为越窑密色瓷产品。

密色瓷印花盘

高 5 厘米 口径 23 厘米 底径 11.2 厘米

辽代。康平张家窑林场长白山I区墓群4号墓出土。沈阳博物院（沈阳故宫博物院）·沈阳市文物考古研究所藏。

密色瓷，残，侈口，浅腹，圈足，内侧中心压印两只鹦鹉图案，周边印有叶脉纹和卷云纹等纹饰。

青瓷花口碗

高 4.7 厘米 口径 13.4 厘米 底径 4.2 厘米

辽代。康平张家窑林场长白山I区墓群4号墓出土。沈阳博物院（沈阳故宫博物院）、沈阳市文物考古研究所藏。

3件，形制和尺寸基本相同。青瓷，残，花口，深腹，圈足底，由五个花瓣组成。无纹饰，胎壁较薄，火候较高，为耀州窑产品。

白瓷碗

高 4.7 厘米　口径 13.4 厘米　底径 4.2 厘米

辽代。康平张家窑林场长白山 I 区墓群 4 号墓出土。沈阳博物院（沈阳故宫博物院）·沈阳市文物考古研究所藏。

5 件，尺寸形制基本相同。白瓷，均残，侈口，腹部斜向内收，小圈足底，胎壁较薄。

白瓷盖罐

高10厘米 口径5.4厘米 最大腹径8厘米 底径5.2厘米

辽代。康平张家窑林场长白山I区墓群4号墓出土。沈阳博物院（沈阳故宫博物院）·沈阳市文物考古研究所藏。

4件，形制尺寸基本一致。白瓷，罐身折肩，鼓腹，圈足底。腹部和肩部饰有莲瓣纹图案，为定窑细白瓷产品。保存基本完整。

白瓷执壶
高 17.4 厘米 口径 4.2 厘米 最大腹径 14.2 厘米 底径 8.4 厘米
辽代。康平张家窑林场长白山I区墓群4号墓出土。沈阳博物院(沈阳故宫博物院)·沈阳市文物考古研究所藏。
白瓷,残,直口,长颈,折肩,鼓腹,圈足底。腹部饰仰莲瓣纹图案,胎壁较薄,为定窑细白瓷产品。

青瓷盖

高 5.2 厘米 直径 4.5 厘米

辽代。康平张家窑林场长白山Ⅰ区墓群 4 号墓出土。沈阳博物院（沈阳故宫博物院）、沈阳市文物考古研究所藏。

青瓷。盖上方有圆形纽，下部有穿孔，穿银丝与壶把相连。为景德镇窑的青白瓷产品。

泥质灰陶罐

高 12.5 厘米　口径 12 厘米　底径 7 厘米

辽代。康平张家窑林场长白山 I 区墓群 3 号墓出土。沈阳博物院（沈阳故宫博物院）、沈阳市文物考古研究所藏。

陶质。侈口，深弧腹，平底。口沿下方和腹部饰加两道附加堆纹。胎质含砂，火候较低，体现出了一定的原始性。

白瓷深腹碗

高 9.3 厘米 口径 10.4 厘米 底径 4.2 厘米

辽代。康平张家窑林场长白山Ⅰ区墓群4号墓出土。沈阳博物院（沈阳故宫博物院）·沈阳市文物考古研究所藏。

白瓷。残。侈口，深腹，圈足底，无纹饰。

白瓷盆

高 15 厘米 口径 33 厘米 底径 20 厘米

辽代。康平张家窑林场长白山I区墓群4号墓出土。沈阳博物院（沈阳故宫博物院）、沈阳市文物考古研究所藏。

白瓷，残，侈口，圆唇，深腹，平底，胎质较粗糙，胎壁较厚重。

白釉钵

高 9 厘米，口径 12.8 厘米，最大腹径 14.6 厘米，底径 5.6 厘米。

辽代。康平张家窑林场长山 1 区墓群 4 号墓出土。沈阳博物院（沈阳故宫博物院）、沈阳市文物考古研究所藏。

釉陶。白釉红胎。敛口、弧腹、小圈足底。

白釉盏

高 7 厘米　口径 12 厘米　底径 5 厘米

辽代。康平张家窑林场长白山 I 区墓群 4 号墓出土。沈阳博物院（沈阳故宫博物院）、沈阳市文物考古研究所藏。

釉陶，白釉红胎，高圈足底。基本完整。

白瓷花口执壶

高 28 厘米　口径 4.5 厘米　最大腹径 8.8 厘米　底径 6 厘米

辽代。康平张家窑林场长白山 I 区墓群 4 号墓出土。沈阳博物院（沈阳故宫博物院）·沈阳市文物考古研究所藏。

白瓷，残，颈部断裂，粗白瓷。花口，细颈，鼓腹，平底。

灰陶壶

高 52 厘米　最大腹径 15 厘米　底径 7 厘米

辽代。康平张家窑林场长白山 I 区墓群 2 号墓出土。沈阳博物院（沈阳故宫博物院）·沈阳市文物考古研究所藏。

灰陶，残，泥质灰陶，器型高大，侈口，圆唇，长颈，溜肩，鼓腹，小平底。颈部和肩部各施加一道凸弦纹，腹下部施加篦齿纹。出土于墓圹内，并伴出有青砖和石板，体现了一种特殊的葬俗。

绿釉陶盆

高 4.5 厘米 底径 26 厘米

辽代。康平张家窑林场长白山Ⅰ区墓群 2 号墓出土。沈阳博物院（沈阳故宫博物院）、沈阳市文物考古研究所藏。

釉陶。残。浅绿色釉，砖红胎。器型不规整，烧造过程中发生了形变。

白釉绿彩陶盆

高 6.4 厘米　口径 27.2 厘米　底径 18.9 厘米

辽代。康平张家窑林场柳条通墓群 M3 出土。沈阳博物院（沈阳故宫博物院）、沈阳市文物考古研究所藏。

残，敞口，浅腹，平底，白釉，底内侧画绿、褐相间的八分团花纹。

白瓷小碗

高 3.6 厘米　口径 12.7 厘米　底径 4.7 厘米

辽代。康平张家窑林场柳条通墓群 M3 出土。沈阳博物院（沈阳故宫博物院）、沈阳市文物考古研究所藏。

白瓷，胎壁较厚，腹较浅，圈足底，碗内侧带 3 个支烧痕迹。基本完整。

白瓷小碗

高 4.8 厘米　口径 12.7 厘米　底径 4.4 厘米

辽代。康平张家窑林场柳条通墓群 M3 出土。沈阳博物院（沈阳故宫博物院）·沈阳市文物考古研究所藏。

白瓷，胎壁较厚，腹较浅，圈足底，碗内侧带 3 个支烧痕迹。基本完整。

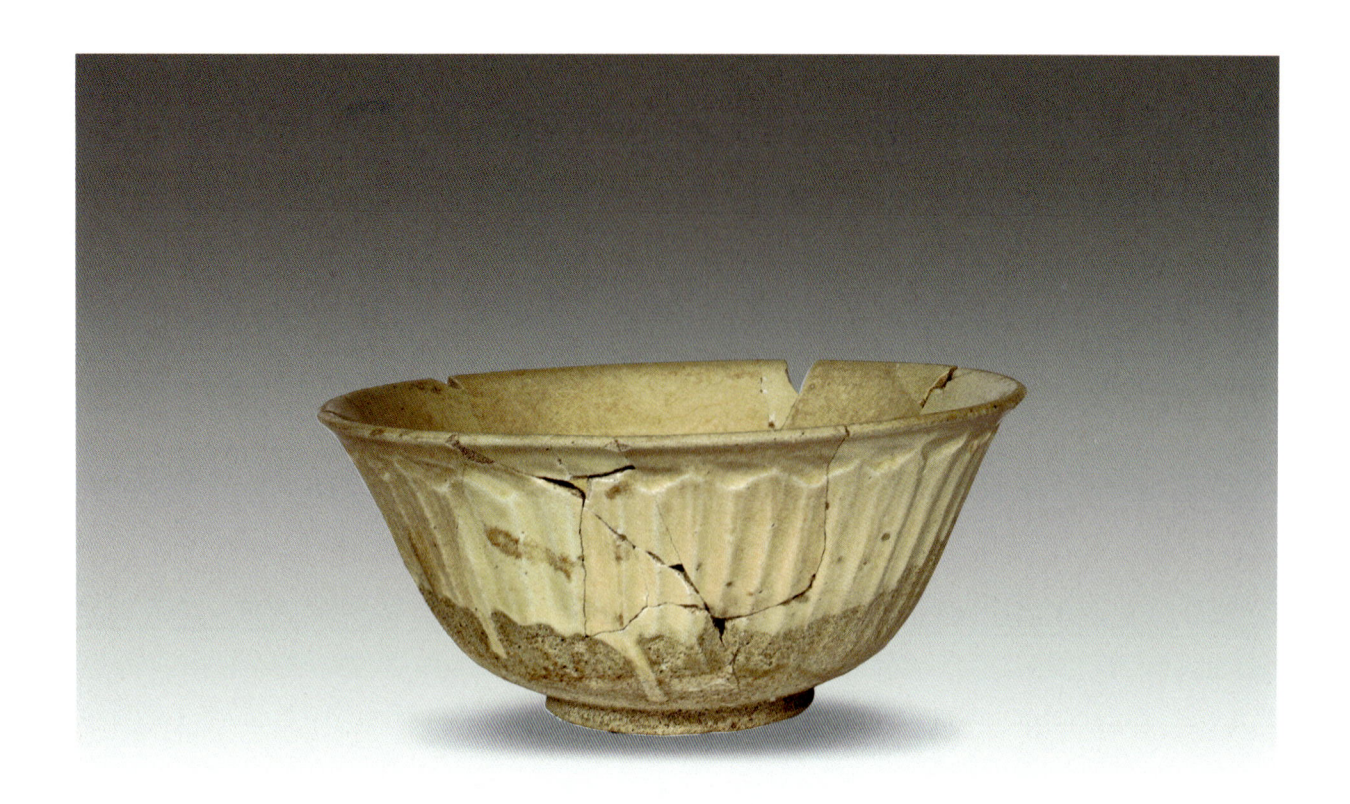

仰莲纹白瓷碗

高 8.6 厘米　口径 20 厘米　底径 7.5 厘米

辽代。康平张家窑林场柳条通墓群 M3 出土。沈阳博物院（沈阳故宫博物院）、沈阳市文物考古研究所藏。

白瓷，敞口，深腹，圈足底，采用提花、刻划工艺雕刻仰莲花瓣。

印花白瓷碗

高 5.2 厘米　口径 18.6 厘米　底径 6.1 厘米

辽代。康平张家窑林场柳条通墓群 M4 出土。沈阳博物院（沈阳故宫博物院）·沈阳市文物考古研究所藏。

白瓷，敞口，浅腹，圈足底，白釉开片，胎壁较薄，内壁通体模制印花，花纹构图以碗底为中心分为碗底、碗壁和碗边缘三部分，花纹的尺寸依次变小，题材均以卷云纹、草叶纹和动物飞天为主，外侧无花纹，碗底部墨书"伍（任）"字款。

篦齿纹陶罐

高 16.7 厘米　口径 7.7 厘米　最大腹径 12.7 厘米　壁厚 0.3 厘米　底径 6.5 厘米

辽代。康平张家窑林场长柳条通墓群 4 号墓。沈阳博物院（沈阳故宫博物院）·沈阳市文物考古研究所藏。

保存基本完整，泥质灰陶，敞口，圆唇，粗颈，鼓腹，圈足底，腹下部饰有篦齿纹。

篦齿纹陶壶

残高 15.8 厘米 最大腹径 13.9 厘米 底径 6.2 厘米

辽代。康平张家窑林场柳条通墓群 M4 出土。沈阳博物院（沈阳故宫博物院）、沈阳市文物考古研究所藏。

陶质，残，泥质灰陶，敞口，圆唇，粗颈，鼓腹，圈足底，腹下部饰有篦齿纹。

篦齿纹陶罐

高 25 厘米 口径 7.7 厘米 最大腹径 12.9 厘米 底径 8.6 厘米

辽代。康平张家窑林场柳条通墓群 6 号墓出土。沈阳博物院（沈阳故宫博物院）·沈阳市文物考古研究所藏。

泥质灰陶，陶色较深，小口外敞，口沿水平高度不一致，溜肩，鼓腹，平底。腹上部为刻划弦纹，中下部有四道篦齿纹条带。

第二章 金属器

辽代金银器多为契丹贵族留下的遗珍。种类有冠带佩饰、马具、饮食器皿、首饰、符牌及葬具等。金属葬具是辽代葬俗的一大特征，有面具、网络、带饰、靴等，仅大贵族以金银制作。马是契丹族日常生活和游猎出行的主要交通工具，所以墓葬中无论随葬品的多与寡，都少不了马具。早期辽墓中殉葬的马具是实用的全套马具，数量和种类都非常丰富；中期开始只随葬马具的一部分；晚期只随葬马具中的小器物，如衔、铃、镫等。辽代根据本民族的生活习性而创造了富有特色的金属工艺。如青铜双鱼佩饰、海兽葡萄镜等。辽代的工艺美术特色，是与悠远的草原民族传统和生活习俗紧密相关的。

金手镯

直径 7 厘米

辽代。康平张家窑林场长白山 I 区墓群 3 号墓出土。沈阳博物院（沈阳故宫博物院）·沈阳市文物考古研究所藏。

黄金质地，保存基本完整，手镯中间宽两边窄，正面中部压印成排的花朵纹饰，背景为鱼子纹，边缘有压边工艺装饰，出土时佩戴于墓主人左手腕部，右手腕部也佩戴有一鎏金手镯，质地于此镯不同。

鸾鹤纹铜镜

直径 13.7 厘米 中间厚 0.2 厘米 外缘厚 0.6 厘米 宽 0.8 厘米 纽高 0.85 厘米

辽代。康平张家窑林场柳条通墓群 4 号出土。沈阳博物院（沈阳故宫博物院）·沈阳市文物考古研究所藏。

铜质，桥形纽，四周由连珠纹等分四个区域，每区内浮雕三只飞翔的鸾鸟。保存基本完整。

海兽葡萄镜

直径 10 厘米

辽代。康平张家窑林场长白山Ⅰ区墓群 2 号墓出土。沈阳博物院（沈阳故宫博物院）·沈阳市文物考古研究所藏。

铜、锡、铅合金质，以铜为主，铅含量较高，表面呈铅灰色。背面纹饰整体呈中心对称，分内外两圈，内圈中心有一桥形纽，四周有四只神兽，造型各异，周边有葡萄纹饰衬托。外圈同样有飞鸟、鱼等动物纹样，头部为瑞兽形象，周边搭配葡萄纹。总体特征属于唐代风格，推测由唐代流传至辽代。

银鎏金手镯

直径 7 厘米

辽代。康平张家窑林场长白山 I 区墓群 2 号墓出土。沈阳博物院（沈阳故宫博物院）、沈阳市文物考古研究所藏。

银鎏金质地。残断，部分鎏金已脱落。手镯中部宽，两侧窄。中部外侧饰有錾刻花卉图案。

银鎏金手镯

直径 7 厘米

辽代。康平张家窑林场长白山 I 区墓群 2 号墓出土。沈阳博物院（沈阳故宫博物院）、沈阳市文物考古研究所藏。

银鎏金质地，残断，部分鎏金已脱落，手镯中部宽，两侧窄。中部外侧饰有錾刻花卉图案。

金戒指

长 2 厘米 直径 1.5 厘米

辽代。康平张家窑林场长白山Ⅰ区墓群3号墓出土。沈阳博物院（沈阳故宫博物院）、沈阳市文物考古研究所藏。

黄金质地，戒指正面为四瓣宝相花瓣纹饰，在戒指侧面也有錾刻纹饰。金含量大约在80%，总体用料较薄，为墓主人下葬时手指佩戴的明器。出土时此墓主人双手手指满戴十枚戒指，质地和纹饰有所差别。

黄金面具

长 23 厘米　宽 19.8 厘米　高 8 厘米　重 362 克

辽代。张家窑林场长白山 I 区墓群 4 号墓出土。沈阳博物院（沈阳故宫博物院）·沈阳市文物考古研究所藏。

黄金质地，经成分检测含金量在 80% 左右，剩余 20% 主要成分是银。色泽金黄，面部特征写实，眉、眼、耳、鼻、口等五官刻画细致，睫毛、胡须清晰可见，双目闭合，颧骨较高，眉眼细长，眼角上扬，具有蒙古人种特征，从面容看墓主人应为青年男性。双耳耳垂穿孔，佩戴两个摩羯形金耳环。面具四周边缘有穿孔，用于穿银丝网络，面具与银丝网络配套使用，将墓主人尸体包裹严密。

花口银盏

高 2.8 厘米 口径 12 厘米 底径 4 厘米

辽代。康平张家窑林场长白山Ⅰ区墓群 4 号墓出土。沈阳博物院（沈阳故宫博物院）、沈阳市文物考古研究所藏。
银质，圈足底，局部有氧化。保存基本完好。

花口银盏托

口径 8 厘米 高 1.5 厘米

辽代。康平张家窑林场长白山 I 区墓群 3 号墓出土。沈阳博物院（沈阳故宫博物院）·沈阳市文物考古研究所藏。

银质，装饰有五瓣花瓣，圈足底，与银盏配套使用。保存基本完整。

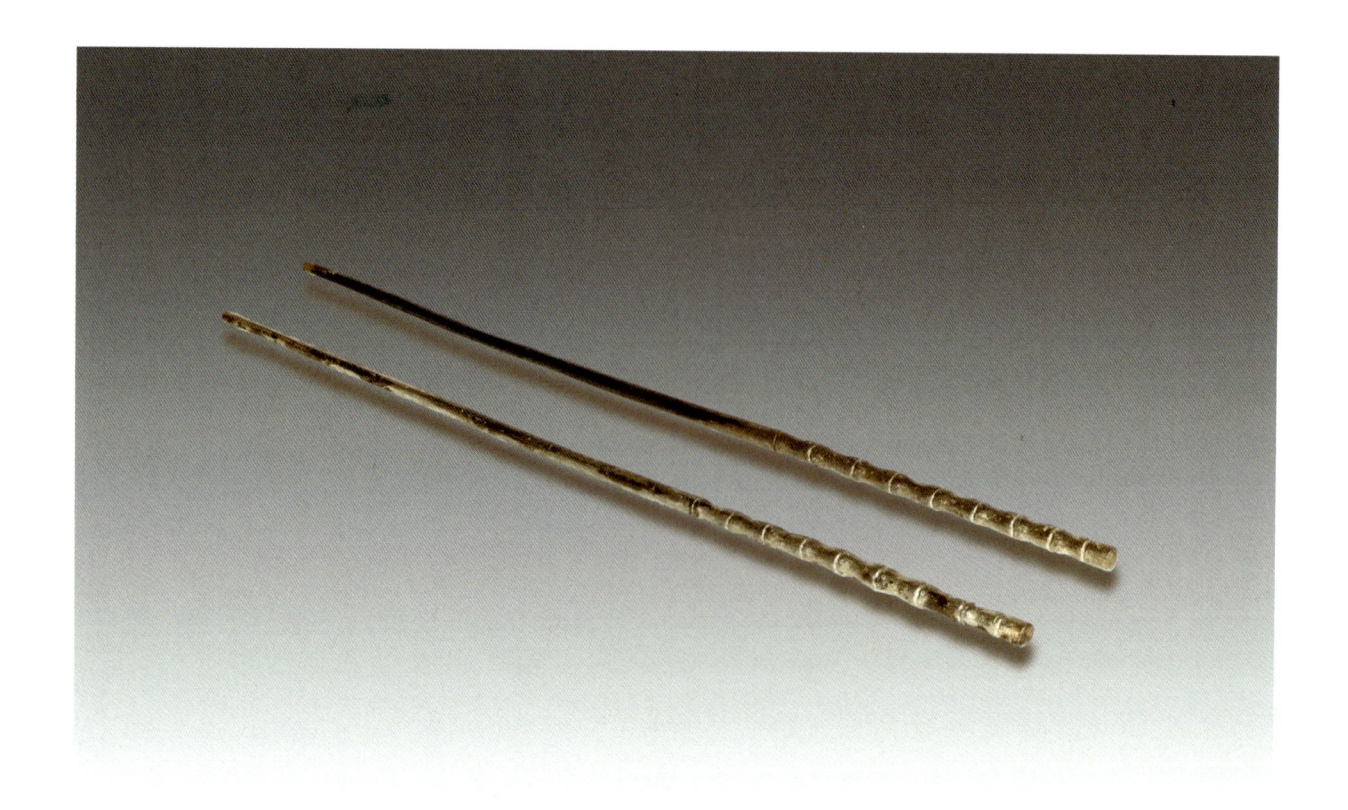

银筷子

长 25 厘米

辽代。康平张家窑林场长白山1区墓群4号墓出土。沈阳博物院（沈阳故宫博物院）、沈阳市文物考古研究所藏。

两支，长度相同。银质，保存基本完好，局部有氧化。

花口银盏

高4厘米 口径5厘米

辽代。康平张家窑林场长白山I区墓群3号墓出土。沈阳博物院(沈阳故宫博物院)·沈阳市文物考古研究所藏。

银质,花口,深腹,平底,体积较小,与盏托配套使用。保存基本完整,局部表面有氧化。

青铜双鱼佩饰

长 4.6 厘米 宽 4.2 厘米 厚 0.15 厘米 孔径 0.4 厘米

辽代。康平张家窑林场柳条通墓群 1 号墓出土。沈阳博物院（沈阳故宫博物院）、沈阳市文物考古研究所藏。

青铜材质，表面锈蚀严重，图案花纹不清。

鎏金铜面具

残长 20.8 厘米 残宽 16.5 厘米 厚 0.07 厘米

辽代。法库县大孤家子乡李贝堡村出土。沈阳博物院（沈阳故宫博物院）、沈阳市文物考古研究所藏。

铜鎏金。以铜片錾刻而成，面颊突出，高直鼻，眼睛均闭，为一男性。

铁马镫

高 18 厘米 宽 13 厘米 底踏板宽 8 厘米

辽代。康平张家窑林场长白山1区墓群4号墓出土。沈阳博物院（沈阳故宫博物院）、沈阳市文物考古研究所藏。

铁质，柄部较长，局部已锈蚀，时代不晚于辽中期。

铁马镫

高 17.3 厘米　上宽 4 厘米　下宽 13 厘米　厚 0.5 厘米　踏板宽 6.5 厘米

辽代。康平张家窑林场长白山 I 区墓群 2 号墓出土。沈阳博物院（沈阳故宫博物院）、沈阳市文物考古研究所藏。

铁质，通体锈蚀。镫身近倒 U 型，镫身上部连接穿鼻，穿鼻近长方形，中有长方形穿孔。镫身两侧横截面近圆形，下部连接扁长方形踏板，踏板有两道镂空。

铁箭镞

长7厘米 宽0.5—1厘米

辽代。康平张家窑林场柳条通蒙群4号墓出土。沈阳博物院（沈阳故宫博物院）·沈阳市文物考古研究所藏。

铁质。前部尖锐，四棱柱状铤。保存基本完整。

第三章 杂项

辽代琥珀器可按用途分为装饰用品、佛教用品、丧葬用品三类。佩戴首饰又可分为头饰、耳饰、项饰三类。头饰历来是身份和地位最重要的标志，历来都与等级制度保持着或亲或疏的关系。项饰中最有特色的还属璎珞。璎珞为深具契丹民族特色的项饰，是其信奉佛教并将佛教思想世俗化的代表饰物。璎珞，源自天竺（古印度），按天竺风俗，凡贵族男女皆缀珠玉，以为项饰，梵音"积由罗"，汉译为璎珞。臂韝，契丹人的猎具，用来驯服幼鹰、架鹰出猎时的专用护臂器具。臂韝平面多为椭圆形，两侧有穿系孔，材质有玉、银、铜和骨质。其作用一是防备鹰爪伤臂，二是便于猎鹰起降。契丹族是马背上的民族，长期以游牧和狩猎为主要的生产和生活方式，他们"马逐水草，人仰湩酪，挽强射生，以给日用"。为了能够在春季时捕猎天鹅、大雁等飞禽，契丹人驯练海东青猎捕鹅雁。建辽后，辽朝实行四时捺钵制度，在捺钵时处理政务，闲时狩猎，这其实也是对契丹游牧传统的一种传承。

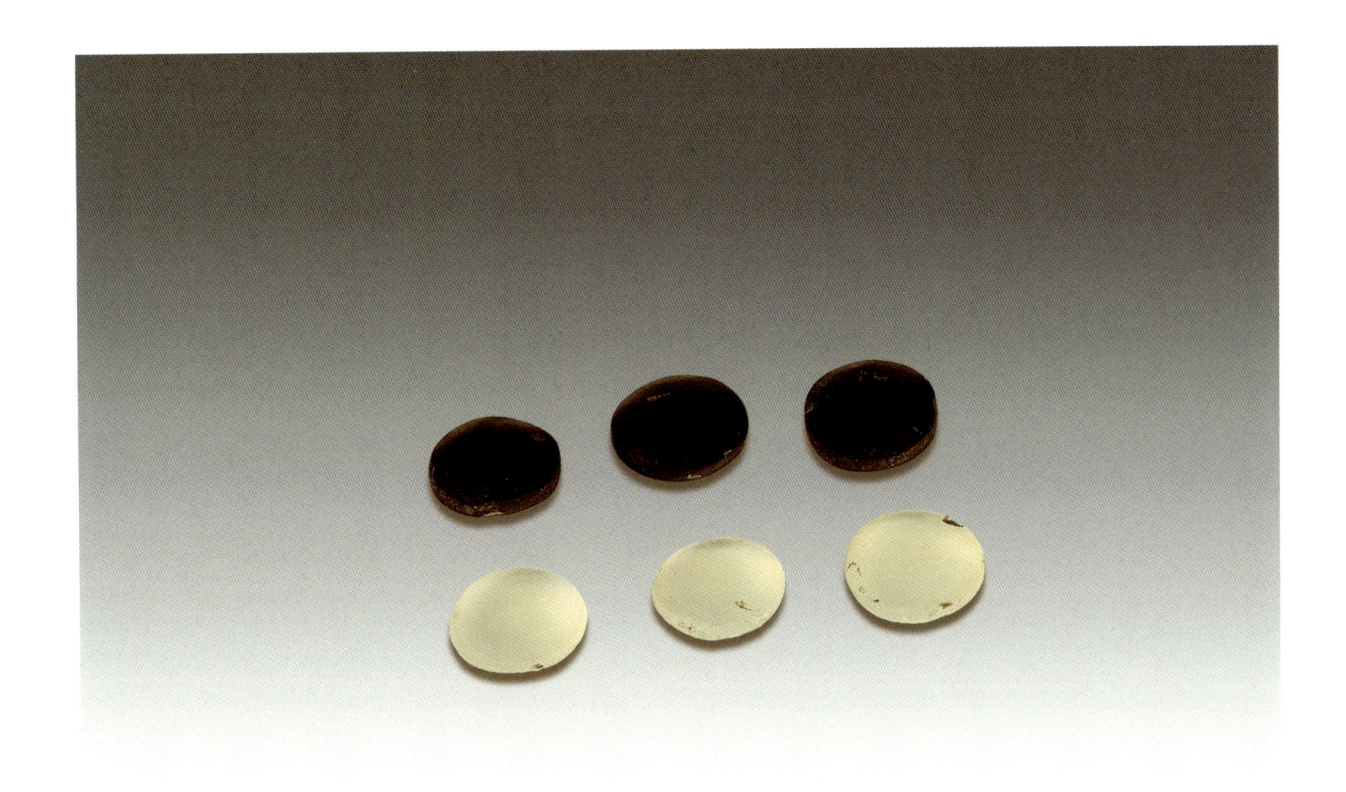

玛瑙围棋子

直径 1 厘米

辽代。康平张家窑林场长白山 I 区墓群 2 号墓出土。沈阳博物院（沈阳故宫博物院）·沈阳市文物考古研究所藏。

共发现 6 枚，黑、白各 3 枚，玛瑙材质，白色围棋子透光度较好，黑色不透光，棋子表面打磨光滑，做工精细，用料考究，是辽代围棋子中的上品。

玛瑙饰件

长约 8 厘米

辽代。康平张家窑林场长白山 I 区墓群 2 号墓出土。沈阳博物院（沈阳故宫博物院）·沈阳市文物考古研究所藏。

玛瑙材质，中部有钻孔，未钻透，推测原有把手，钻孔直径约 0.6 厘米。总体形态似张开耳朵的扁猪首形，颜色以黄色为主色，两耳部和头部带有偏红色俏色，制作工艺精美。

琥珀猴子吊坠

高 3 厘米 厚 2.5 厘米

辽代。康平张家窑林场长白山 I 区墓群 2 号墓出土。沈阳博物院（沈阳故宫博物院）·沈阳市文物考古研究所藏。

琥珀材质，由红色琥珀雕刻而成，蜷腿，坐姿，面部眼、耳、鼻等五官刻画清晰，猴子右手拇指放入口中，左手握住尾巴根部，尾部有残缺。动作形态刻画生动活泼，惟妙惟肖。头部正上方向下有垂直穿孔，侧面耳部下方和腋下各有一道穿孔，用于穿线。同时发现一定数量相同材质的小琥珀串珠，可穿成链，应与该猴子吊坠同属一套，现已破坏不全。

琥珀串珠

0.3—0.5 厘米

辽代。康平张家窑林场长白山I区墓群2号墓出土。沈阳博物院（沈阳故宫博物院）·沈阳市文物考古研究所藏。

琥珀材质，残存23粒，其他被盗丢失。暗红色，略呈扁圆形，中部穿细孔，为琥珀项链或手链串珠。

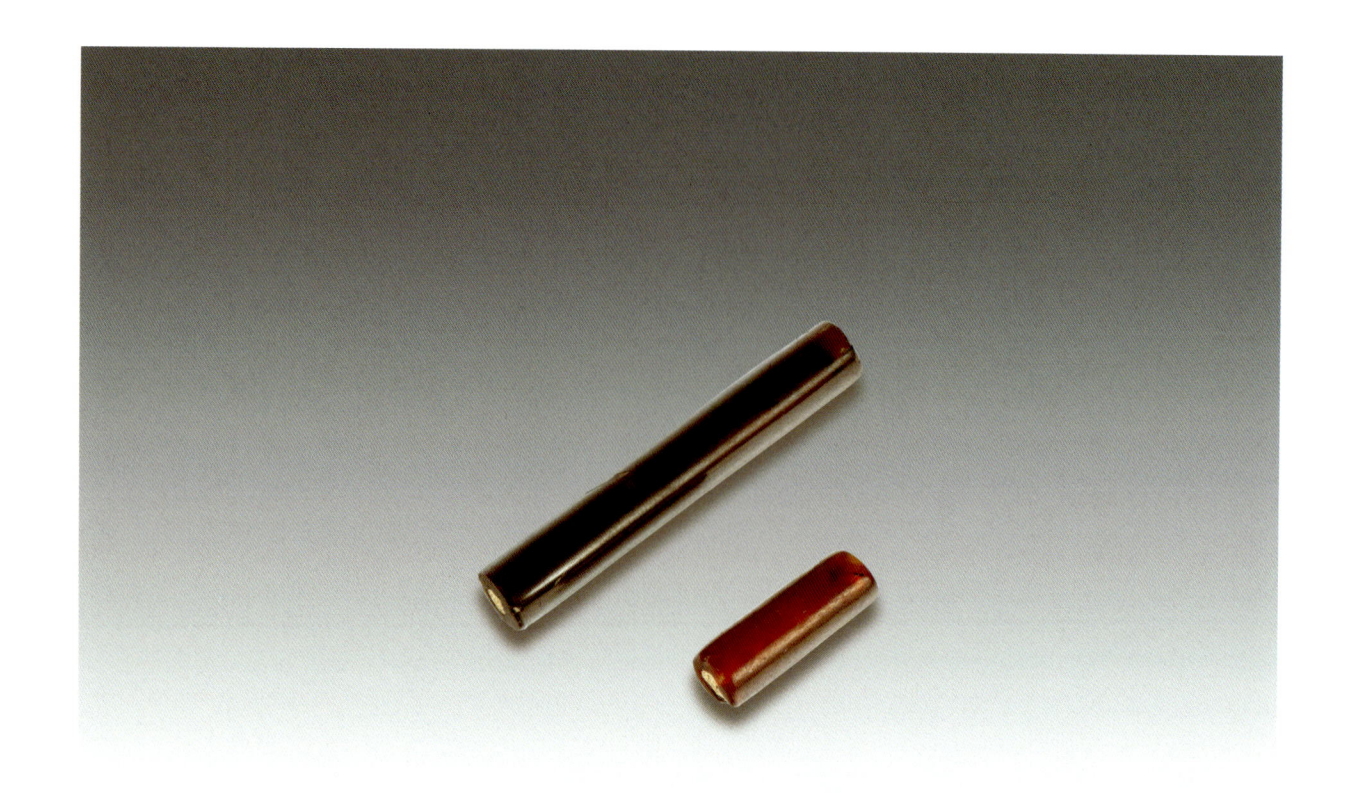

玛瑙管

长 1—3厘米。

辽代。康平张家窑林场长白山Ⅱ区墓群 2 号墓出土。沈阳博物院（沈阳故宫博物院）、沈阳市文物考古研究所藏。

玛瑙材质。残存两件，长度、颜色有所差别。细管状，中间穿细孔。

磨石

长13厘米 宽4厘米 厚1—2厘米

辽代。康平张家窑林场长白山Ⅰ区墓群3号墓出土。沈阳博物院（沈阳故宫博物院）·沈阳市文物考古研究所藏。

石质，呈长方形，前扁后方，四周打磨均匀光滑，局部残损。

玉臂鞴

长 7.2 厘米　宽 2.6 厘米　厚 0.5 厘米

辽代。康平张家窑林场长白山 I 区墓群 4 号墓出土。沈阳博物院（沈阳故宫博物院）、沈阳市文物考古研究所藏。

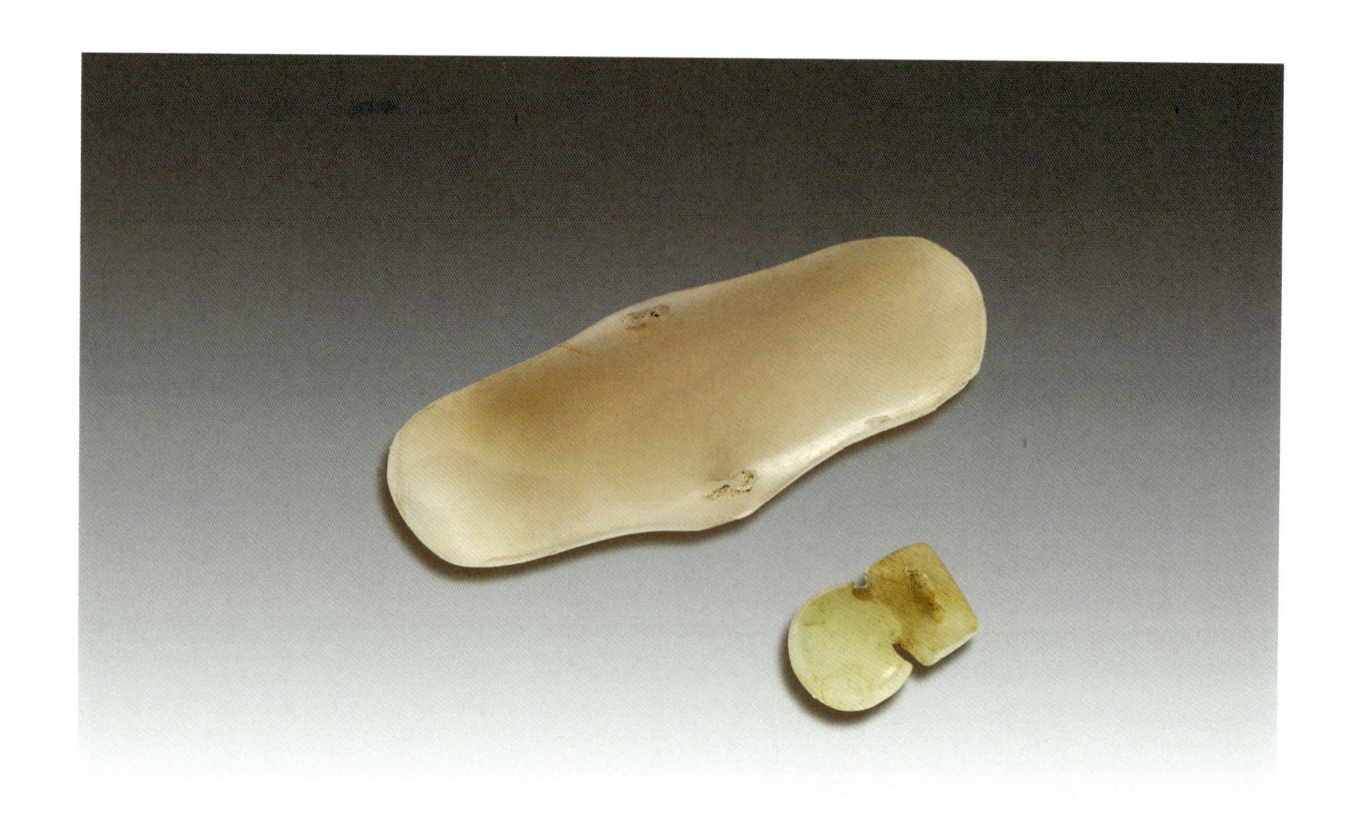

玉质，玉质温润，呈浅绿色。在鞴身两侧有对称的两个穿孔，用于穿皮革带，如今带已腐蚀无存，但配套有小带扣，用于将鞴身固定在手臂上。

玛瑙璎珞

直径 34 厘米 玛瑙管长 10 厘米

辽代。康平张家窑林场长白山 I 区墓群 4 号墓出土。沈阳博物院（沈阳故宫博物院）·沈阳市文物考古研究所藏。

玛瑙材质，由 5 根玛瑙管、2 个金吊坠、8 个宝石和金丝共同组成。玛瑙管均为红色，材质相同，5 根长度大体相同，在 10 厘米左右。两个金吊坠分别为鸡心形和圆柱形，空心，金坠两侧分别配有两块宝石，五根玛瑙管间分别由金坠和宝石间隔。整条金丝尚未断裂，将整个璎珞串联成一个整体，仅有 1 块宝石损坏。

玉臂鞲、海东青与辽代灭亡

袁婧

北京辽金城垣博物馆

臂鞲，又作臂韝，是古代人置于手臂上的一种套袖，用以束缚衣袖以便于射箭及其他动作。大体上可以分为射箭用的射鞲和日常生产生活所用的臂鞲两类。射鞲是用皮革制作的，在射箭的时候用右手拉弓，左臂用皮革包裹胳膊，可以起到保护的作用。而日常劳作所用的臂鞲通常以人工织物制成，所以有时又写作"臂褠"。

魏晋时期，由于受到来自西方和北方文化因素的影响，臂鞲开始出现了架鹰的功能。南北朝时期，以臂鞲架鹰之俗，成为南北常见的社会现象。到了唐辽时期，这种现象则更属常见。契丹族作为中国古代北方民族，在其始兴之际，曾经有着十分深远厚重的渔猎经济背景。当其崛起建辽之后，这种源远流长的渔猎文化传统，对于辽代中国北方地区的社会文化发展面貌起到了十分重要的影响。

北方草原民族非常喜欢驯鹰，利用鹰去捕获猎物。鹰在飞回落在主人胳膊上的时候，容易将主人的臂腕抓伤，戴上臂鞲就会防止被其抓伤，平时架鹰时也会起到保护的作用。另外，还会起到鹰在臂鞲起飞时增大反弹力的作用，故诗人说："鞲上风升。"[1] 就是这个道理。后来辽人还发明了硬度远高于皮革的玉臂鞲，用作臂上护具。这种臂鞲是一种托架式的复合型臂鞲，是辽代契丹贵族专门用来架鹰或擎鹰的。一般由主体部分的托架和固定托架的扣带或扣链组成。其主体部分的托架采用玉料、金属或骨料等硬物制成，托架的两侧开有穿系带、链的孔眼。

玉臂鞲几乎是辽代特有的特殊玉器，之前由于存世少，故认得玉臂鞲的人也很少。因为臂鞲呈瓦片状，又带有些许圆弧状，在早期的考古发掘报告中，考古人员不知道其用途所在，故将其定名为"瓦状玉饰件"或"菱形饰"。

近些年来在辽属故地出土的各式臂鞲，见于报道者越来越多，尚未公开的公私收藏品，数量也不在少数。从已有的材料上看，

[1]《全辽文》卷12中记载了宋人姜夔的《契丹风土歌》："平沙软草天鹅肥，胡儿千骑晓打围；皂旗低昂围渐急，惊作羊角凌空飞。海东健鹘渐如许，鞲上风升看一举；万里追奔未可知，划见纷纷落毛羽。"描述的是海东青捕猎天鹅的场景，也提到了臂鞲。中华书局，1982年，第360页。

[2] 曹建恩：《内蒙古凉城县水泉辽代墓葬》，《考古》2011年第8期。
[3] 王春燕：《辽代金银器研究》，吉林大学2015年博士论文，第45页。
[4] 赤峰市博物馆：《赤峰市哈喇海沟辽墓清理报告》，《内蒙古文物考古》2008年第2期。
[5] 刘谦：《辽宁锦州市张扛村辽墓发掘报告》，《考古》1984年第11期。

材质有玉、玛瑙等宝石类，金、银、铜等金属类和骨类等。玉（含玛瑙）质的均为素面无纹饰，而金属类和骨类有素面和刻纹饰两种。已见到纹饰有凤纹、龙纹、虫鸟纹、花卉纹等，有的还刻有展翅飞翔的鹰纹。质地和纹饰的不同有可能代表着主人身份高低的不同。无论何种材质的臂鞴，形状基本一致，只是大小、宽窄的不同。说明在辽代，臂鞴规格十分统一，臂鞴的制作已经形成定制。

表1 近年来内蒙古和辽宁地区出土的辽代臂鞴一览表

出土时间及地点、收藏地	年代	材质	尺寸	具体情况	墓主人身份
2008年内蒙古凉城县水泉辽墓M27	辽代早期	红色玛瑙	长8.2厘米 宽3.7厘米 厚0.35厘米	墓主左手腕部有玛瑙臂鞴，红色玛瑙，表面磨光，有天然纹理，正面中心有一金色圆点。椭圆形片状，正面略弧，背凹。左右两侧各有一椭圆形长孔，孔内各穿一银片做钮，银片上残留少许双股银丝	受到契丹文化影响较深的突厥遗民贵族墓葬[2]
辽宁省阜新彰武县朝阳沟2号辽墓	辽代早期	银鎏金	长9.5厘米 宽4厘米	鞴面盾形微弧，两侧各留椭圆形长孔，孔内穿系由三节组成的镯式圆环，圆环设置活扣便于佩戴，鞴面錾刻双凤鸟纹[3]	
2007年内蒙古赤峰市哈喇海沟辽墓	辽代早期	红色玛瑙	长8.5厘米 宽3.6厘米 厚0.4厘米	椭圆形片状，正面略弧，背凹，左右两侧各有一个扁长孔，表面磨光	墓主人应是具有一定地位的契丹贵族[4]
1960年辽宁省锦州市张扛村辽墓M2	辽代早期	白玉	长8.5厘米 宽4.5厘米	瓦状玉饰件，白玉质，长圆，如瓦状内曲	墓主人可能是一位品级较高的上层人物[5]

续表

出土地点	年代	材质	尺寸	描述	墓主身份
1972年辽宁省朝阳县前窗户村辽墓	辽代早期	白玛瑙	长8.4厘米 宽3.5厘米 厚0.7厘米	菱形饰一件。抹角菱形，边有双孔，质微透明，色淡白杂有缘带	墓主人应属于契丹贵族妇女[6]
1988年内蒙古赤峰市敖汉旗英凤沟7号辽墓	辽代中期	玛瑙		位于墓主人左侧手臂处。材质为玛瑙，灰白色，有云状纹理，中部两侧起尖节，穿扁斜孔，孔壁出尖齿，应为穿带牢固所设。伴出的尚有红玛瑙和白玉扣、白玉带饰及料珠等器形很小，应是鹰链或臂鞲上的皮革环套的锁具[7]	从同墓出土的鎏金银面具分析，墓主应为契丹贵族[8]
1987年内蒙古通辽市奈曼旗青龙山镇辽陈国公主墓	辽代中期	白玉	长9厘米 宽3.4厘米 厚0.35厘米	戴于驸马左臂银丝网络之外，白玉制，泛灰，表面磨光。呈椭圆形片状，正面略弧，背凹。左右两侧各有一个椭圆形长孔，孔内各穿系金链两条，链两端各用双股金丝连接。臂鞲凹面套于臂上	辽国王室贵族墓葬的代表，是陈国公主与驸马萧绍矩合葬墓[9]
内蒙古赤峰市敖汉旗新州博物馆所藏		白玛瑙	长8.8厘米 中宽3.8厘米 端宽2.5厘米 中厚0.4厘米	乳白色玛瑙含絮状纹理。整体长方圆头形，如瓦状弧度较小，近中突节内凹如亚腰形，中部突起明显呈梯形，有较宽的长方孔，边缘如刃状，整体抛光，一侧孔残	
		白玛瑙	长8.2厘米 中宽3.3厘米 厚0.5厘米	两端漫圆，中部尖节有扁状带齿棱的穿孔。整体如瓦状弧度较大，仅正面抛光	
		骨制	长7.4厘米 中宽2.2厘米 厚0.5厘米	该物为指鞲，由两种骨头制作后粘合而成，外层骨较薄且硬，应是选用兽腿骨之皮，内层厚且软。窄条形，中宽起梯形节并穿长方孔，两端圆形，整体如瓦状弯弧。此类窄条状的鹰托应是捆缚在手指上以擎鹰[10]	
2017年辽宁省沈阳市康平县张家窑林场长白山I区M4	辽代中晚期	玉			契丹大贵族

[6] 靳枫毅:《辽宁朝阳前窗户村辽墓》,《文物》1980年第12期。

[7] 邵国田:《敖汉文物精华》,北方出版社,2005年。

[8] 邵国田:《敖汉旗英凤沟7号辽墓出土银质文具考》,《内蒙古文物考古》2003年第12期。

[9] 内蒙古自治区文物考古研究所:《辽陈国公主墓》,文物出版社,1993年4月第1版。

[10] 邵国田、黄文博:《辽代臂鞲考——从新州博物馆所藏三件辽代擎鹰用具说起》,https://www.sohu.com/a/162804924_99939334。

[11] 徐昌祚《燕山丛录》载:"海东青,大仅如鹊,既纵直上青冥,几不可见,候天鹅至半空,欲自上而下以爪攫其首,天鹅惊鸣,相持损地。"(清)厉鹗《辽史拾遗》卷17《表第六·游幸表》,江苏书局,光绪乙亥三年,第1014页。

[12]《辽史》卷32《营卫志中》,中华书局,1974年,第373—374页。

[13](宋)叶隆礼:《契丹国志》卷23《渔猎时候》,《二十五史别史》,齐鲁书社,2000年,第175页。

从上表可见,这些出土玉(含玛瑙)臂鞲的墓葬,墓主人身份多为契丹王室及贵族阶层。而这些臂鞲形制大小基本相似,一般都在长8—9厘米、宽3—4厘米之间,可谓既短又窄。这样的尺寸,可以推测其为擎架海东青猎鹰的专用品。因为海东青体型小[11],故其爪也小。如若是其他大型鹰类,爪子要比臂鞲大很多,如果无法保证鹰安稳地起落在这么短小而坚滑的瓦状臂鞲上,佩戴臂鞲也就失去了作用。像这样的架鹰游猎用具随葬于墓内,佩戴于死者身上,体现出契丹贵族的游猎生活习尚,而且也可看出契丹贵族妇女也参与畋猎之事。

契丹族围猎,按季节的不同,大体上是:春季捕鹅、鸭,打雁,四五月打麋鹿,七八月打虎豹。此外,也射猎熊、野猪、野马、打狐、兔。围猎以骑射为主,辅以其他方法。以鹰为猎具的狩猎活动是为春猎,捕捉鹅、雁、野鸭等飞禽。其中,皇帝及上层人物所举行的春猎即为"春捺钵",《辽史》中记载十分详细:"春捺钵:曰鸭子河泺。皇帝正月上旬起牙帐,约六十日方至。天鹅未至,卓帐冰上。凿冰取鱼。冰泮,乃纵鹰鹘捕鹅雁。晨出暮归,从事弋猎。鸭子河泺东西二十里,南北三十里,在长春州东北三十五里,四面皆沙埚,多榆柳杏林。皇帝每至,侍御皆服墨绿色衣,各备连锤一柄,鹰食一器,刺鹅锥一枚,于泺周围相去各五七步排立。皇帝冠巾,衣时服,系玉束带,于上风望之。有鹅之处举旗,探骑驰报,远泊鸣鼓,鹅惊腾起,左右围骑皆举帜麾之。五坊擎进海冬青鹘,拜授皇帝放之。鹘擒鹅坠,势力不加,排立近者,举锥刺鹅,取脑以饲鹘。伺鹘人例赏银绢。皇帝得头鹅,荐庙,群臣各献酒果,举乐。更相酬酢,致贺语,皆插鹅毛于首以为乐。赐从人酒,遍散其毛。弋猎网钩,春尽乃还。"[12] 这段记述,把放鹰鹘捕鹅的场景描写得有声有色。又"宋真宗时,晁迥往贺生辰,还,言始至长泊,泊多野鹅、鸭,国主射猎,领帐下骑,击扁鼓绕泊,惊鹅、鸭飞起,乃纵海冬青击之,或亲射焉。国主皆佩金玉锥,号杀鹅杀鸭锥。每初获,即拔毛插之,以鼓为坐,遂纵饮,最以此为乐"。[13] 君臣们在捕获了鹅之后随即开始设头鹅宴狂欢,君臣之间完全没有宋朝君臣间礼仪的琐碎和死板,"以鼓为坐,遂纵饮"也体现了契丹人生性豪迈,不拘小节的粗犷民族性格。

辽代契丹人所用的猎鹰，可分为大小两类，大鹰属于普通猎鹰，小鹰基本与人肩等宽，即为海东青，因其矫健迅猛而最受契丹人的喜爱。"女真有俊禽，曰海东青，次曰玉爪骏，俊异绝伦，一飞千里，非鹰鹯雕鹗之比。"[14]海东青因其优异且难得，逐渐成为辽朝皇帝鹰猎的专宠，庶民无权私自畜养，官吏中只有极少部分被赏赐或特许放鹰，等级制度十分森严。辽道宗清宁七年（1061年）"夏四月辛未，禁吏民畜海东青鹘"。[15]辽统治者赏赐海东青是至上的荣誉，道宗时张孝节因他人举荐，被赐名仁杰，"乃许放海东青鹘"。[16]萧韩家奴因功得赐白海东青鹘。[17]辽穆宗生日和辽兴宗服丧期间都曾纵五坊鹰鹘。《辽史·穆宗上》载："八月甲申，以生日，纵五坊鹰鹘。"[18]《辽史·兴宗一》："出大行皇帝服御、玩好焚之，纵五坊鹰鹘。"[19]从辽代壁画[20]、出土实物以及史书记载中都可得知，驯养鹰鹘和海东青是契丹上层贵族们的喜好，纵鹰捕猎是游猎活动中的一项主要内容，玉臂鞲和海东青一样，也是身份地位的一种象征。

辽代皇家贵族利用海东青捕猎天鹅，是因为天鹅肉可以食用，且味道鲜美，这是海东青得以被辽代统治者宠爱的因素之一。此外，海东青因猎鹅而获得"北珠"，是另一个重要的经济因素。"北珠"每与"南金""南贝"并列，而成为脍炙人口的稀世珍宝。[21]"天祚嗣位，立未久，当中国崇宁之间，漫用奢侈，宫禁竞尚北珠。……北珠，美者大如弹子，小者若梧子，皆出辽东海汊中。……又有天鹅能食蚌，则珠藏其嗉，又有俊鹘号海东青者，能击天鹅，人既以俊鹘而得天鹅，则于其嗉得珠焉。"[22]北珠是蚌在进食过程中分泌珍珠质团团包围异物形成的，天鹅又喜爱吃蚌，因此要得到北珠就要捕获天鹅，于是善于捕猎天鹅的海东青成为皇室的首选，这也形成了寻求北珠的独特链条：北珠—蚌—天鹅—海东青—皇室。又"宋梁子美初为河北都转运使，倾漕计以奉上，至捐缗钱三百万市北珠以进。……此珠出于女直，子美市于辽，辽嗜其利，虐女直，捕海东青以求珠，女直深怨之。而子美用是显"。[23]北珠深受北宋贵族的喜爱，经常于宋辽榷场贸易中不惜重金购买，辽人有利可图，这就促使了辽人捕猎和驯养海东青，推动了鹰猎文化在辽代的空前繁荣。

辽朝统治者为了海东青猎取天鹅，甚至设立专门的机构来饲

[14]（宋）王偁：《东都事略》卷124《附录二》，《中国野史集成》第7册，巴蜀书社影印光绪淮南书局本，1993年，第478页。

[15]《辽史》卷21《本纪第二十一·道宗一》，中华书局，1974年，第258页。

[16]《辽史》卷110《列传第四十·张孝杰》，中华书局，1974年，第1487页。

[17]《辽史》卷96《列传第二十六·萧韩家奴》："咸雍二年，迁西南面招讨使。大康初，徙王吴，赐白海东青鹘。"

[18]《辽史》卷6《本纪第六·穆宗上》，中华书局，1974年，第78页。

[19]《辽史》卷18《本纪第十八·兴宗一》，中华书局，1974年，第213页。

[20] 史前龙：《辽代壁画中鹰猎题材研究》，《艺术评鉴》2018年7月刊。

[21] 黄晓红：《宋人的北珠消费与海东青传闻》，《中国市场》2010年第40期。

[22] 徐梦莘：《三朝北盟会编》卷3，上海古籍出版社，1987年，第20页。

[23]（清）毕沅：《续资治通鉴》卷90，中华书局，1957年，第2302页。

[24]《辽史》卷2《本纪第二·太祖下》，中华书局，1974年，第21页。

[25]《辽史》卷4《本纪第四·太宗下》，中华书局，1974年，第45页。

[26]《辽史》卷46《百官志二》，中华书局，1974年，第730页。

[27]《辽史》卷33《营卫志下》载："稍瓦部。初，取诸宫及横帐大族奴隶置稍瓦石烈。'稍瓦'，鹰坊也，居辽水东，掌罗捕飞鸟。圣宗以户口蕃息置部。节度使属东京都部署司。"圣宗时所设的稍瓦部是与汉制中鹰坊相对应的一个机构，其职责就是在外搜求海东青等猎鹰。中华书局，1974年，第389页。

[28] 徐梦莘：《三朝北盟会编》卷3，上海古籍出版社，1987年，第20—21页。

[29] 程尼娜：《辽代女真属国、属部研究》，《史学集刊》2004年第2期。

[30]《辽史》卷33《营卫志下》，中华书局，1974年，第392页。

[31]《辽史》卷10《本纪第十·圣宗一》，中华书局，1974年，第113页。

[32]《辽史》卷16《本纪第十六·圣宗七》，中华书局，1974年，第183页。

[33]《辽史》卷33《营卫志下》："重熙六年，以越里吉国人尚海等诉酋帅浑敞贪污，罢五国酋帅，设节度使以领之。"中华书局，1974年，第392页。

养海东青，让其始终保持较高的猎取能力，天赞四年（925年），太祖"幸安国寺，饭僧，赦京师囚，纵五坊鹰鹘"。[24]说明辽朝在建国初便设置了专门驯养猎鹰的机构——鹰坊。太宗会同元年（938年）改"鹰坊、监治等局官长为详稳"。[25]太宗朝时又将"鹰坊"官改为"详稳"。鹰坊中设各级官吏负责捕捉、管理和驯养海东青。鹰坊的职官有：鹰坊使、鹰坊副使、鹰坊详稳司、鹰坊详稳、鹰坊都监等。[26]而负责捕捉海东青的任务主要是由稍瓦部来执行的。[27]

尽管海东青是辽朝君臣射猎时必不可缺的利器，但辽朝本土并不产海东青，辽人想要获得海东青，就必须到五国、女真等部去捕捉或者要求出产海东青的部族向辽皇帝进贡。辽人并不亲自去捕捉海东青，而是胁迫与五国为邻的女真人去五国境内捕捉。"海东青者，出五国。五国之东接大海，自海东而来者谓之海东青。小而俊健，爪白者尤以为异。必求之女真，每岁遣外鹰坊子弟趣女真，发甲马千余人入五国界，即海东巢穴取之，与五国战斗而后得，女真不胜其扰。"[28]五国部是分布在"今黑龙江依兰以北，包括松花江下游及黑龙江下游两岸地区"，"社会形态发展比较落后的五个部落群"[29]，与女真诸部联系密切。"五国部。剖阿里国、盆奴里国、奥里米国、越里笃国、越里吉国，圣宗时来附，命居本土，以镇东北境。"[30]所谓"圣宗时来附"，应为统和年间，辽军征讨女真诸部时，五国部迫于辽军威慑而投附辽朝，成为辽朝的属部。不过此时，五国部并未完全听命于辽朝，统和二年二月，"五国乌限于厥节度使耶律隗洼以所辖诸部难治，乞赐诏给剑，便宜行事，从之。"[31]这说明当时五国部等部落对辽朝的统治尚有抵触，因此辽主赐耶律隗洼剑，给予其"便宜行事"的权力。此后，《辽史》中屡见五国部长来贡的记载。圣宗开泰七年（1018年）三月，辽廷"命东北越里笃、剖阿里、奥里米、盆奴里、铁骊等五部岁贡貂皮六万五千，马三百"。[32]而五国部主产的海东青在此前已列入了常贡之例。

辽朝在五国部设置了节度使[33]，标志着对这一地区的行政掌控的强化，这对确保海东青的供给发挥了重大的作用。五国部在朝贡辽朝皇帝时，形成了一条连接五国部和辽朝本土的交通线，这条交通线因贡海东青而知名，后世称之为"鹰路"。鹰路是当时松花江、黑龙江诸部族与南部契丹族和汉族交往的重要渠道，具有重大意义。[34]但是鹰路沿线诸部对辽朝时叛时附，直接影响到鹰路的安全。如"辽咸雍八年，五国没拈部谢野勃堇叛辽，鹰路不通。景祖伐之"。[35]五国没拈部首领谢野勃堇反叛，阻断鹰路交通，辽朝扶持的完颜部首领乌古乃(金太祖完颜阿骨打的祖父，庙号"景祖")率兵讨伐，维护鹰路畅通。这乃是辽朝对女真各部强化控制的结果，同时女真完颜部也借助着鹰路来扩大自己的势力。

辽朝末年，鹰路上的完颜部强大起来，辽朝皇帝为更多更便利地获取海东青，常遣捕鹰使者(即所谓"银牌天使"，应为稍瓦部官吏)到完颜部境内，驱使完颜部民到五国境内捕捉海东青，并以此欺压女真人。"辽每岁遣使市名鹰海东青于海上，道出境内，使者贪纵，征索无艺，公私厌苦之。康宗尝以不遣阿疏为言，稍拒其使者。太祖嗣节度，亦遣蒲家奴往索阿疏，故常以此二者为言，终至于灭辽然后已。"[36]"大辽盛时，银牌天使至女真，每夕必欲荐枕者。其国旧轮中下户作止宿处，以未出适女待之。后求海东青使者络绎，恃大国使命，惟择美好妇人，不问其有夫及阀阅高者，女真浸忿，遂叛。"[37]完颜部不堪其扰，阿骨打以此为口实，起兵反辽，最终灭亡了辽朝。清代文人沈兆禔曾评价道："辽金衅起海东青，玉爪名鹰贡久停。盛世珍禽原不贵，每罗纯白献天廷。"[38]海东青这种禽鸟竟然会成为两国交兵的导火线，足见其对辽金时期产生的重要影响。

[34] 景爱：《辽代的鹰路与五国部》，《延边大学学报(社会科学版)》1983年第1期。

[35] 《金史》卷1《本纪第一·世纪》，中华书局，1975年，第6页。

[36] 《金史》卷2《本纪第二·太祖》，中华书局，1975年，第23页。

[37] (宋)洪皓：《松漠纪闻》，《辽海丛书》第一集，辽沈书社，1985年，第205页。

[38] (清)沈兆禔：《吉林纪事诗》卷4，金陵汤明林聚珍书局铅印本，清宣统三年(1911年)。

试论辽代契丹金属葬具

陈晓敏

北京辽金城垣博物馆

[1] （东汉）许慎，（清）段玉裁注：《说文解字》，上海古籍出版社，1981年，第63页。

[2] （清）孙希旦，沈啸寰、王星贤校：《礼记集解》，中华书局，1989年，第227页。

　　历史上每个民族都有区别于其他民族的风俗习惯和信仰，并且通过婚礼、丧葬、衣食住行等方面的特色而表现出来。中国古代的丧葬制度由"丧"和"葬"两部分组成，"丧，亡也，从哭之。"[1] "葬也者，藏也。藏也者，欲人之弗得见。"[2] 指处置死者尸体的方式。人死之后，为了表达对死者的尊重，需要对尸体进行相应的处理和修饰。不同时代、不同民族埋葬或处理死者的方式、方法亦不相同。尤其是葬具的差异与变化，最能反映一个民族的历史文化。

　　契丹族由我国古代少数民族鲜卑的一支发展而来，自北魏开始，就在大兴安岭南麓、西拉木伦河和老哈河流域一带活动。契丹人建立的辽政权统治中国北方二百年之久。在它广阔的统治区域内分布着汉、渤海、奚、突厥、女真等民族，契丹人"兼收"各民族文化的同时，非常注重"固本"。尤其在丧葬习俗方面，更多体现本民族独有的丧葬文化。契丹建国前的丧葬习俗非常简单，流行所谓"树葬"，即父母死后，尸体运入山中悬挂在树上，三年后收其骨而焚之，而且不允许哭丧。建国后受中原文化的影响，才筑墓埋葬。所以，契丹出现墓葬文化的开始源于其与唐朝的交往以及相关文化的不断深入发展。事实上，尽管契丹民族是在吸取中原文化之后逐步发展其自身的丧葬文化，但是对辽代契丹墓葬考古发掘后发现，契丹统治中心地区，辽代墓葬更多地体现了契丹本民族的丧葬习俗，其中最具代表性的是"尸体"的处理方法及金属葬具的使用，尤其是金属葬具，可以说是在中国古代民族中契丹族所独有。这种葬具随着契丹族的消失也神秘地消失了。从考古发掘材料来看，契丹的金属葬具包括面具、网络、靴底或靴子三个部分。目前，学术界对于面具及网络的起源及功能研究较多。但是通过各种材料的分析，关于契丹族的金属葬具还存在着诸多疑点，笔者不揣浅陋，谈一些粗浅看法，与学界前辈共同探讨。

一、金属面具

金属面具，顾名思义，就是由金属制作而成，覆盖在死者脸上的面具。辽代契丹族墓葬中出土的金属面具，一般长为11—27厘米，宽10—26厘米，厚0.03—0.1毫米，大小刚好盖住脸部。金属面具的制作方法：根据死者生前五官，先将薄金属锤揲成人脸的形状，表现出死者的年龄、性别、脸部特征。面具上有眼睛、鼻子、嘴。眼睛表现为或睁或闭，嘴为闭合状。有的面具也有耳朵，耳垂上打着孔，用于佩戴耳坠。耳朵单独打制，然后用铆钉与脸部连接在一起。另外，眉毛、头发甚至发髻都用线刻出来。面具完全表现出死者生前的样子。下面通过表格的形式说明近年来辽代契丹族金属面具情况。

表1 辽墓出土金属面具一览表

序号	墓葬名称	墓葬规模	年代	质地与数量	出土地点	资料来源	备注
1	豪欠营6号墓	八角形单室长2.2米	中晚期	铜鎏金1	内蒙古察哈尔右翼前旗豪欠营子山	《文物》1983年第9期	
2	豪欠营1号墓		年代不详	铜2（男1、女1）	同上	《辽金契丹女真史研究》1984年第3、4期	
3	豪欠营2号墓		年代不详	铜1	同上	同上	两次被盗
4	豪欠营3号墓		年代不详	铜2	同上	同上	两次被盗
5	上烧锅墓	长方形单室长3.6米	晚期	银1铜2（儿童1）	内蒙古喀喇沁旗楼子店乡上烧锅	《内蒙古文物考古》第2期	被盗

续表

6	耶律琮墓		979年	铜1	内蒙古喀喇沁旗宫家营子铁家营子	《东北考古与历史》1982年第1期	被盗
7	十间房墓		年代不详	铜2（男1、女1）	内蒙古赤峰市牛子营乡十间房	《北方文物》1991年第3期	
8	新地墓	方形主室边长3.5米	晚期	铜1	内蒙古赤峰市岗子乡新地	《北方文物》1990年第4期	
9	古都河1号墓	八角形单室直径4米	晚期	铜2（男1、女1）	内蒙古赤峰市五三乡古都河	《北方文物》1991年第3期	
10	解放营子墓	圆形单室直径7.5米	中晚期	铜2（男1、女1）	内蒙古翁牛特旗解放营子	《考古》1979年第4期	
11	查干坝5号墓	由主、前、耳室构成		铜1	内蒙古巴林右旗巴彦虎硕镇查干坝	《内蒙古文物考古》1984年第3期	被盗
12	柴达木墓	六角形单室直径3米	中晚期	铜鎏金1	内蒙古阿鲁科尔沁旗柴达木苏木	《内蒙古文物考古》1986年第4期	经扰
13	温多尔敖瑞山墓		中晚期	铜鎏金2	内蒙古阿鲁科尔沁旗扎嘎斯台苏木温多尔敖瑞山	《文物》1993年第3期	
14	范杖子墓			铜1（已残）	内蒙古敖汉旗宝国吐乡范杖子	《内蒙古文物考古》1984年第3期	
15	大横沟墓			铜1	内蒙古敖汉旗新地乡大横道子	《考古》1984年第10期	
16	陈国公主夫妻合葬墓	主室直径4.45米 耳室直径1.58—1.62米	1018年	金2（男1、女1）	内蒙古奈曼旗青龙山镇	《文物》1987年第11期	
17	温家屯1号墓	六角形单室直径2.2米	晚期	铜1	辽宁省凌源县瓦房店乡温家屯	《辽金契丹女真史研究动态》1982年第2期	
18	温家屯2号墓	方形单室长2.8米	晚期	铜1	同上	同上	
19	温家屯3号墓	六角形单室直径2.8米	晚期	铁1	同上	同上	

续表

20	巴图营子墓	主室长7.5米，宽4.35米	中晚期	铜鎏金2（男1、女1）	辽宁省新民市法哈牛乡巴图营子	《考古》1960年第2期	经扰
21	萧德温墓	八角形主室直径6米	1075年	铜1	辽宁省阜新市蒙古族自治县大巴镇	《辽宁史迹资料》	
22	望道石辽墓		中晚期	铜1	河北省围场县望道石	《考古》1983年第3期	
23	大西沟1号墓	长方形单室长4.5米	中期	铜1	辽宁省建平县沙海乡马杖子村大西沟	《北方文物》1991年第3期	被盗
24	北岭1号墓	八角形单室直径5米	中期	银1	辽宁省喀左县北岭	《辽海文物学刊》1986年创刊号	
25	白塔子墓	六角形单室直径3米	晚期	铜1	内蒙古敖汉旗白塔子	《考古》1978年第2期	
26	山嘴子墓	八角形单室	晚期	银1	内蒙古宁城县山嘴子	《文物参考资料》1958年第2期	
27	小刘杖子1号墓	八角形单室直径3米	晚期	铜1	内蒙古宁城县小刘杖子	《文物》1961年第9期	被盗
28	小刘杖子2号墓	长方形单室长1.6米	晚期	铜1	同上	同上	
29	小刘杖子3号墓	六角形单室	晚期	铜1	同上	同上	
30	小刘杖子4号墓	六角形单室直径2.5米	晚期	铜1	内蒙古宁城县小刘杖子	《文物》1961年第9期	
31	新风沟墓		中晚期	铜鎏金1	内蒙古敖汉旗新风沟	内蒙古敖汉旗博物馆藏	
32	奈曼旗辽墓		中晚期	银鎏金1	内蒙古奈曼旗	奈曼旗博物馆藏	
33	凌源小喇嘛沟辽墓	八角形主室直径3.57米	圣宗时期	银鎏金2	辽宁省凌源县小喇嘛沟	《凌源小喇嘛沟辽墓》	

续表

34	前窗户村辽墓		银鎏金1	辽宁朝阳前窗户村	《文物》1980年第2期	被盗
35	小吉沟辽墓	方形主室边长5	铜鎏金1	河北省平泉县小吉沟	《文物》1980年第7期	
36	库伦杏树洼辽墓		银1	内蒙古库伦旗	《辽金史论集》（一）	
37	巴林右旗床金沟5号墓		铜鎏金1	内蒙古巴林右旗床金沟	《文物》2002年第3期	
38	法库县大孤家子乡李贝堡村辽墓		铜鎏金1	辽宁省法库县大孤家子乡李贝堡村		
39	建平凤凰山辽墓		银1		《辽金史论集》（一）	
40	梧桐花辽墓		银1	内蒙古翁牛特放旗	同上	

通过上表可知，目前发掘的辽墓中，具有明确纪年的墓葬较少，在统计的40座墓葬中只有3座，大部分墓葬是依据其随葬器物以及墓葬形制推定的年代。另外，我们可以看出，契丹族丧葬所使用的金属面具的材质有金、银、铜、铁、鎏金（又可分为铜鎏金和银鎏金两种）五种。目前出土的面具中铁制最少，只有温家屯3号墓出土1枚，铜制最多，占出土总数的1/2强。另外，根据上表，契丹人的金属面具不仅能表现性别，甚至还能表现死者年龄。如上烧锅5号墓即出土一枚长11.4厘米、宽10.2厘米，额部较长、下颌较短，从长度上可知应为儿童面具。

男性面具一般较大，在嘴唇两侧及下唇錾刻出胡须，有面具还錾刻出发髻，表现出髡发的形象。多数为闭眼状，也有少数睁眼的。面部表情多为忧郁悲苦状。如内蒙古宁城小刘杖子1号墓、3号墓出土的两件面具，男性特征鲜明，高颧骨、大小鄂、宽鼻头，粗犷的面貌显露出草原民族的特点。[3]辽宁建平出土的两件男性面具，其中一件从面貌刻画上，一看便知是一个老年男性，肥胖的面颊，微眯的小眼，如实地反映出了死者的性别和年龄。

契丹女性面具的脸形、五官也各不相同。有的双眉弯弯，眼帘低垂，有的眼睛圆睁。如陈国公主夫妻合葬墓出土公主的金面具即是二目圆眼状，而豪欠营6号墓出土的铜面具为双眼闭合，眼缝微开，鼻梁瘦长，两翼略宽，颧部微隆，面颊丰满，双唇抿合，留有口缝。揭去面具后，她的面貌与面具极为相似。这就进一步证明了契丹金属面具是根据死者生前容貌特点所制作的。

根据考古材料可知，有的金属面具耳朵上下有两个穿孔，有的在边缘有一圈穿孔。面具固定在死者脸部方式的不同，导致了穿孔位置的不同。

二、金属网衣

金属网衣就是用直径0.05—0.9毫米的金、银、铜丝编制而成。一般为六角形网眼，网格约为一指粗细的网罩，用于包裹死者全身或手、腕、脚、腿等部分。包裹全身的有头网、胸背、腿部。无论是头网还是胸背、腿足，都是分片编制，再用金属丝缀合而

[3] 李逸友：《宁城县小刘杖子辽墓》，《文物》1961年第9期。

成。胸背类似于现在的圆领套头衫，腿部类似于现在的裤子。手部的网络类似现在的五指手套，足部网络则类似现在的袜子。学术界把这些统称为金属网衣。从目前考古材料可知，使用金属网衣的墓葬可分为两种：一为包裹全身的，如陈国公主夫妻合葬墓。一为只使用局部网衣。使用金属网衣墓葬情况见下表。

表2 辽墓出土金属网衣一览表

序号	墓葬名称	墓葬规模	年代	质地	所在地	资料来源	备注
1	豪欠营6号墓	八角形单室 直径2.2米	中晚期	全身铜丝网衣	内蒙古察哈尔右翼前旗豪欠营	《文物》1983年第9期	
2	豪欠营2号墓	圆角方形单室 直径2.7米	中晚期	铜丝网衣残片	同上	《契丹女尸》	两次被盗
3	豪欠营3号墓	八角形单室 直径3.05米	中晚期	铜丝网衣残片	同上	《契丹女尸》	
4	尖山辽墓	八角形单室 直径3.09米	中晚期	女性身体着铜丝网衣	内蒙古乌兰察布盟兴和县二台乡尖山	《北方文物》1988年第4期	被盗
5	萧府君墓		1072年	铜丝网衣残片	内蒙古宁城头道具营子乡岳家仗子	《内蒙古文物考古文集》1994年	
6	龚祥墓		1032—1074年	铜丝网衣残片	内蒙古宁城头道营子乡喇嘛洞	《内蒙古文物考古文集》1997年	
7	上烧锅辽墓	长方形单室 长3.6米	晚期	铜丝网衣一件	内蒙古喀喇沁旗宫家营子乡铁家营子	《内蒙古文物考古》第2期	被盗
8	萧氏墓		959年	铜丝网衣残片	赤峰大营子乡大营子	《考古学报》1956年第3期	
9	古都河墓		晚期	铜丝网衣残	赤峰市五三乡古都河	《北方文物》1991年第3期	

续表

10	曲家沟墓	八角形单室直径约3.6米	晚期	铜丝网衣残	赤峰市曲家沟	《北方文物》1991年第3期	
11	达拉明安	八角形单室直径3.52米	晚期	铜丝网衣残	赤峰市美丽乡	《北方文物》1991年第3期	
12	查干坝墓	由主、前耳室构成		铜丝网衣残	内蒙古巴林右旗巴彦琥硕镇查干坝	《内蒙古文物考古》1984年第3期	被盗
13	闵古日格			左右手腕、脚、胸部铜丝网衣	阿鲁科尔沁旗白音诺尔苏木闵古日格	《辽金历史与考古》第6辑	
14	温多尔敖瑞山			铜丝网衣残片	阿鲁科尔沁旗扎嘎斯台苏木温多尔敖瑞山	《文物》1993年第3期	
15	宝山墓		923年	铜丝网衣残片	阿鲁科尔沁旗东沙布台苏木宝山	《文物》1988年第1期	
16	额如山墓			铜丝网衣残	扎鲁特旗查布嘎冈苏木	《辽金历史与考古》第6辑	
17	范杖子墓	六角形单室直径3米	晚期	铜丝网衣残	敖汉旗宝国吐乡范杖子	《内蒙古文物考古》1984年第3期	
18	大横沟墓			手部铜丝网衣残片	敖汉旗新地乡大横沟	《考古》1987年第10期	
19	陈国公主墓	主室直径4.45米	1018年	全身银丝网衣	奈曼旗青龙山镇	《文物》1987年第11期	
20	库伦旗辽墓	长方形主室长5米	中期	手部铜丝网衣残片	库伦旗前勿力布格	《库伦辽代壁画墓》	多次被盗

续表

21	萧孝忠墓	圆形单室 直径3.6米	1089年	铜丝网衣残片及铜丝圆筒	葫芦岛市 西孤山	《考古》1960年第2期	经扰
22	马杖子墓			铜丝网衣残片	辽宁省建平县沙海乡马杖子村	《北方文物》1991年第3期	
23	耿延毅墓	前后两室 主室长4.74米		银丝手套	辽宁省朝阳市龙城区姑营子	《考古》1983年第3期	被盗
24	清河门墓	前后两室 主室 直径5.25米	1044年	铜丝网衣手指部分	辽宁省阜新市清河门区西山	《考古学报》1954年第3期	
25	程沟墓			铜丝网衣全身大体完整	辽宁省彰武县满堂红乡程沟	《北方文物》1998年第2期	
26	巴图营子墓	主室长7.5米	中晚期	铜丝网衣残片	辽宁省新民市法哈牛乡巴图营子	《考古》1960年第2期	经扰
27	叶茂台第9、11、13、15、17号墓			均有铜丝网衣残片	辽宁省法库县叶茂台	《辽宁文物》1982年第3期	被盗
28	叶茂台18号墓			女性铜丝网衣全身，大体完整，头网已残	同上	《辽宁文物》1982年第3期	被盗
29	叶茂台19号墓		晚期	铜丝网衣残片	同上	《辽宁文物》1982年第3期	被盗
30	皮匠沟墓	六角形单室 直径2.9米	中晚期	铜丝网衣残片	内蒙古敖汉旗宝国吐乡皮匠沟	《内蒙古东部区考古文化研究集》	被盗
31	大西沟墓	长方形单室 长4.5米	中期	铜丝网衣残片	辽宁省建平县沙海乡	《北方文物》1991年第3期	被盗

续表

32	大窝铺墓	前室方形长2米，后室八角形		铜丝网衣手部残段	内蒙古赤峰市碾房乡大窝铺	《考古》1959年第3期	被盗
33	羊彪沟墓	八角形单室直径3米	晚期	铜丝网衣手部残	辽宁省锦州市义县	《文物参考资料》1951年第2期	
34	骆驼岭辽墓	八角形主室直径4米	晚期	铜丝网衣手部	吉林省双辽市双辽农场	《考古与文物》1983年第6期	经扰
35	庆陵		中晚期	铜丝网衣残	内蒙古巴林右旗索博日嘎苏木	《辽陵石刻集录》	被盗
36	彰武马家辽墓	八角形	中期	铜丝网衣残片	辽宁省彰武县	《考古与文物》1999年第6期	

通过上表可知，现在辽墓出土的金属网衣的材质只有两种：一为银丝，一为铜丝。根据目前所能收集36座墓葬材料统计，使用银丝制作网衣的辽墓中只有陈国公主夫妻合葬墓和耿延毅墓的银丝手套两座，其余的34座全部为铜丝网衣。对于金属网衣的使用情况，根据现有资料可知，只有陈国公主墓和豪欠营6号墓使用了全身包裹，其余的均为局部或残段。但是，通过表格我们可以看出，很多辽墓都已经被盗，无法得知金属网衣的使用情况，因而也就无法确切统计全身包裹网衣墓葬的数目。

金属网衣是如何穿戴的呢？根据考古发掘可知，金属网衣应是根据死者生前的身材制作而成，在死者入殓前穿戴完成。叶茂台18号墓女尸全身包裹铜丝网衣，除头部网套破碎无法复原和背部有残损外，其前胸、四肢及手足套连成一体，仍保存完好。清理时可以清楚地看出铜丝网衣内壁粘有布屑，可知这种网衣是穿在死者贴身内衣外面的。另外，根据网衣的松紧情况判断，网衣的外面应该还有外袍之类的衣服。通过陈国公主墓和豪欠营6号墓可知，全部的金属网衣又分为头网、上衣、裤子、手、脚等部分。头网又可分成上下两部分，上部为半圆球形，下部呈帘弧形，脑后下垂，通过金属丝连缀而成，整体类似头盔。上衣由前胸和后背两片及手臂组合而成，前后两片的上部都为半月形，下部齐边。两片用金属丝连缀，类似圆领坎肩。手臂网衣展开类似现代西式衣服的袖子，用金属丝与身体部分连缀一起。裤子部分，由左右腿两片组成，在臀部下连接。手部，分为左右手，五指形。足部，左右各一只，足背处开叉，类似于现代的短靴。

三、靴底

这里所说的"靴底"，就是长筒靴的靴底，靴底上部的靴面、靴勒已不存在。用厚度约0.1厘米的金属制作而成，周边有孔，用金属丝系在靴下。从底的厚度可以看出，应该不是生前使用，是为随葬死者用的明器。目前考古发现资料所出土的金属靴底很少，出土情况详细见下表。

表3 辽墓出土靴底一览表

序号	墓葬名称	墓葬规模	年代	材质与数量	出土地点	资料来源	备注
1	上烧锅5号墓	长方形单室 长3.6米	晚期	铜靴底6件	内蒙古喀喇沁旗楼子店乡上烧锅	《内蒙古文物考古》第2期	被盗
2	解放营子墓	圆形单室 直径7.5米	中晚期	铜靴底4件	内蒙古翁牛特旗解放营子	《考古》1979年第4期	
3	柴达木墓	六角形单室 直径3米	中晚期	铜靴底2件	内蒙古阿鲁科尔沁旗柴达木苏木	《内蒙古考古》第4期	经扰
4	陈国公主墓	主室 直径4.45米	1018年	鎏金银靴2双	内蒙古通辽市奈曼旗青龙山	《文物》1987年第11期	
5	北岭1号墓	八角形单室 直径5米	中期	银靴底1双	内蒙古喀喇沁左旗蒙古族自治县白塔乡	《辽海文物》1986年创刊号	

我们从上表可知，用于制作靴底的材质有三种：一为鎏金，一为银，一为铜。虽然出土实物较少，但依然可知，使用铜的最多。靴底前部较尖，脚心内凹，后跟为半圆形。

结语

通过对金属面具、网衣、靴底三方面的论述，契丹族用于制作金属葬具的金属材料为金、银、铜、铁、鎏金（银鎏金、铜鎏金）五种材质。葬具使用的金属材料可谓是各种各样，甚至是同一墓葬中葬具合用的金属也不一样。为什么会出现金属材料的多样性呢？其原因是，在辽代，契丹人送葬所使用的葬具，是由官府按照死者生前官职的高低所提供的。《辽史·礼志》载："赐公主青幰车二，螭头、盖部皆饰以银，驾驼。送终车一，车楼纯锦、银螭、悬铎、后垂大毡，驾牛，载羊一，谓之祭羊，拟送终之具，至覆尸仪物咸在。"《辽史·耶律隆运传》卷12载："从伐高丽还，得末疾，帝与后临视医药，薨年七十一。赠尚书令，谥文忠，官给葬具，建庙乾陵侧。"《辽史·耶律斜轸传》卷13载："从太后南伐，卒于军。太后亲为哀临，仍给葬具。"其他还有耶律海量、耶律韩八、耶律良平等，在《辽史》中都记述为"官给葬具"。但是，《辽史》中赐给葬具的内容和种类，没有具体记载。结合考古发掘资料，可以认为在辽代社会中所处社会地位、身份、贡献大小赐给的葬具有所差别，这种差别主要表现为葬具材质的不同。如公主使用的是金面具、银丝网衣、银鎏金靴，这是目前所发现的身份最高者所使用的金属葬具。中国的丧葬礼俗自产生之日起，就具有等级色彩，都依死者的身份进行严格的区分，契丹族不可避免地受到这种丧葬礼俗的影响。

另外，出土金属葬具的辽墓多在契丹统治腹地，即辽上京道和中京道辖区。这里是契丹族的发祥地和居住区，因此当地墓葬才较为典型地反映了契丹本民族的文化特点。所以说，尽管建国之初，很多契丹贵族直接借用了中原地区的一些丧葬习俗，但考古所出的墓葬材料也反映出了辽代中期时，契丹人逐步发展并保持了具有自身特色的丧葬习俗，较于一般平民墓，中后期契丹贵族墓更能充分反映出本民族的文化特色。因此，也可以说契丹的金属葬具是契丹独有的一种葬具，体现了这支游牧于中国北部的少数民族特殊的丧葬文化。

浅析人皇王耶律倍让位始末

王加册

北京辽金城垣博物馆

[1]（元）脱脱等撰：《辽史》卷72《宗室·义宗倍传》中华书局，1974年。

[2] 同[1]。

耶律倍（899—936），辽太祖耶律阿保机与淳钦皇后述律平长子，小字图欲，汉名刘倍。公元916年，耶律阿保机于龙化州即皇帝位，建元神册，立耶律倍为皇太子。《辽史》记载耶律倍："通阴阳，知音律，精医药、砭焫之术。工辽、汉文章，尝译《阴符经》。善画本国人物，如《骑射》《猎雪骑》《千鹿图》，皆入宋秘府。"[1]又曾"尝从争乌古、党项，为先锋都统，及经略燕地"。[2]足以证明耶律倍在文韬武略方面各有建树。然而，在阿保机逝世后，耶律倍并未能继任皇帝位，而是由阿保机的次子天下兵马大元帅耶律德光继承了皇位，此间曲折，不免令人疑惑。

目前，学界对于耶律倍让位于耶律德光存在一定的分歧，姚从吾先生认为耶律阿保机册封耶律倍为人皇王，入主东丹国，就是有意剥夺耶律倍继承辽国皇位继承权的表现；与之相反，刘国宾《阿保机从无废长立幼之志——阿保机生前卒后契丹王权斗争辩论之一》一文中认为阿保机之所以册封耶律倍入主东丹国，皆因耶律倍的文才韬略在耶律德光之上，适合统治同样崇拜汉文化的渤海人，能够更好地控制东丹国的局面；袁成《浅谈耶律倍为何成为"让国皇帝"》一文中认为耶律倍争夺皇位失败的关键是缺少能够与耶律德光相媲美的军事实力；刘肃勇《东丹国与东丹王耶律倍》一文中认为耶律倍与述律后、耶律德光争夺皇位属于辽王朝贵族集团之间的内部角斗；耿涛、李佳桧《浅析耶律倍未能继位及其被封为东丹王之因》认为以述律后为首的后族集团干预了阿保机让耶律倍、耶律德光公平竞争的条件，促使耶律倍被迫让位于耶律德光。

综合上述观点，笔者对耶律倍让位于耶律德光有不同认识，本文在借鉴前人研究的基础上，分别从耶律倍的皇太子之位、耶律阿保机对耶律倍态度的变化以及述律后个人意志的干预三个角度对耶律倍未能继任辽国皇位加以分析，以期能够更加真实客观地阐述耶律倍让位于太宗耶律德光始末。

[3] （元）脱脱等撰：《辽史》卷1《太祖纪上》中华书局，1974年。

[4] 同[3]。

一、耶律倍的皇太子之位

从传统中原政权来讲，皇太子即皇位的第一顺位继承人，其地位仅次于皇帝。那么耶律倍作为阿保机的嫡长子，自然而然的应是阿保机之后辽国皇位的法定继承人，然而通过深入辨析史料，笔者发现虽然阿保机有意通过效仿中原封建王朝制度来巩固自己的权力，但是在册立耶律倍为皇太子一事上，却有微妙的不同。笔者认为，其更多的原因在于阿保机试图通过册立皇太子来巩固自己的统治地位，是消除契丹旧俗世选制度影响的权宜之计。

首先，耶律倍被册封为皇太子的时间，契丹政权由游牧民族政权向封建社会政权过渡的关键时期。按《辽史》记载，唐天祐三年"十二月，痕德堇可汗殂，群臣奉遗命请立太祖。曷鲁等劝进，太祖三让，从之……燔柴告天，即皇帝位。尊母萧氏为皇太后，立皇后萧氏"。[3] 遥辇氏痕德堇可汗去世后，阿保机在族弟耶律曷鲁等人的支持下接掌了契丹大权。此次即位，阿保机效仿汉族封建王朝即皇帝位，而非契丹传统的部落联盟可汗。虽然阿保机的即位让"皇帝""皇太后""皇后"等封建王朝专享名词出现在了契丹统治阶层的生活中，但是此时契丹旧俗的影响力在契丹上层社会中仍然有着较重的分量，阿保机仍然需要履行"燔柴告天"的必要程序。至阿保机即位的第五年，手握大权的阿保机没有按照契丹旧俗接受"以次相代"，阿保机的几个弟弟以阿保机违背旧俗为由，与阿保机争夺契丹统治权，引发了著名的"诸弟之乱"，在契丹上层社会引起了严重动荡。

叛乱平息后，阿保机为进一步消除契丹内部争夺统治权的借口，第二次即皇帝位。"神册元年春二月丙戌朔，上在龙化州，迭烈部夷离堇耶律曷鲁等率百僚请上尊号，三表乃允。丙申，群臣及诸属国筑坛州东，上尊号大圣大明天皇帝，后曰应天大明地皇后。大赦。建元神册……立子倍为皇太子。"[4] 相较于阿保机的第一次即位，此次即位进一步强化了阿保机的权威，对阻碍阿保机建立封建制度的势力给予了沉重的打击。一是"筑坛""大赦""建元"等更贴近封建王朝政权的行为出现在了契丹社会中；二是对参与并支持诸弟发动叛乱的母亲没有给予进一步尊号，只对帮助自己稳定政权的述律皇后给予了加封；三是册立耶律倍为皇太子，名义上明确了皇位的继承人，打消了其他契丹贵族争夺皇位的借口。册封耶律倍为皇太子，使封建制度在契丹统治社会的影响力更上一层楼。神册三年"夏四月乙巳，皇弟迭烈哥谋叛，事觉，知有罪当诛，预为营圹，而诸戚请免"。[5]"皇弟迭烈哥"即阿保机三弟耶律迭剌，诸弟之乱的参与者之一。此时，耶律迭剌在谋叛之事被发觉后"知有罪当诛"，其原因不外乎当耶律倍被册立为皇太子后，耶律迭剌已经失去在契丹旧俗下本应具备的皇位继承权。由此可见，耶律倍的皇太子之位，对阿保机巩固自己的统治有着极其重要的影响。

其次，耶律倍"幼聪敏好学"，熟悉中原汉族文明，饱读汉文典籍。按《辽史》中记载："时太祖问侍臣曰：'受命之君，当事天敬神。有大功德者，朕欲祀之，何先？'皆以佛对，太祖曰：'佛非中国教。'倍曰：'孔子大圣，万世所尊，宜先。'太祖大悦，即建孔子庙，诏皇太子春秋释奠。"[6]随着契丹版图的不断扩大，更多的中原百姓被纳入到契丹的统治当中，成为了辽国农业生产和手工业生产的主要劳动力。因此，相比于勇武的德光和年幼的李胡，熟悉汉族文明、律法、典故的嫡长子耶律倍更加符合皇太子的身份，能够更好地帮助阿保机治理国家，赢得汉族集团的支持和帮助。

再次，《资治通鉴》中记载："契丹述律后爱中子德光，欲立之，至西楼，命与突欲乘马立帐前，谓诸酋长曰：'二子吾皆爱之，莫知所立，汝曹择可立者执其辔。'酋长知其意，争执德光辔，欢跃曰：'愿侍元帅太子。'后曰：'众之所欲，吾安敢违。'遂立之为天皇王。"[7]《契丹国志》亦曾记载："太祖攻渤海，拔其夫余城，更命曰东丹国，命长子突欲镇之，号人皇王。一曰东丹王。以其次子德光元名耀屈之。守西楼自随，号'元帅太子'。"[8]由此可见，耶律德光同样具有"太子"的称号，再结合辽代后世亦层册封"皇太弟""皇太叔"等称号，故而笔者认为耶律倍的"皇太子"之位相比于皇位继承人，更加倾向于是一种类似"于越"一样的尊号。葛华廷、王晓宁《辽朝皇位继承研究》一文中同样认为辽代的皇位继承有着与中原王朝不同的特点，皇太子并不是唯一的皇位继承人，天下兵马大元帅、梁王、皇太弟等身份同样具备继承皇位的权利；二是述律后"废长立幼"之举与"诸弟之乱"

[5] 同[3]。
[6] （元）脱脱等撰：《辽史》卷72《宗室·义宗倍传》，中华书局，1974年。
[7] （宋）司马光撰：《资治通鉴》卷286，中华书局，1956年。
[8] 《契丹国志》卷之一，上海古籍出版社，1986年。

[9]（元）脱脱等撰：《辽史》卷1《太祖纪上》，中华书局，1974年。

[10]（元）脱脱等撰：《辽史》卷2《太祖纪下》，中华书局，1974年。

阿保机之母支持诸弟的行为有共同之处，出现此种情况也正是表明了辽朝始终没能摆脱汗位世选制度的烙印。

综上所述，笔者认为皇太子之位是阿保机为了巩固自身地位所采取的权宜之计，是消除契丹旧俗影响的重要工具，并非是皇位的唯一继承人。而之所以选择耶律倍作为皇太子，是由于阿保机当时正处于权力交替的风口浪尖，耶律倍作为嫡长子，又熟悉汉学思想，能够帮助阿保机更好地笼络汉族集团，巩固自身地位，其价值远高于勇武的德光和年幼的李胡。因此，册立耶律倍为皇太子是阿保机最好的选择。

二、辽太祖对耶律倍态度的转变

诚如上文所述，册立皇太子是阿保机为巩固自身权力，打击其他势力所采取的权宜之计。那么，阿保机是否真的有选择耶律倍作为自己的继承人的呢？笔者认为，阿保机在册立耶律倍为皇太子时，确有将其培养为继承人的意图，但是随着时间的推移，阿保机对耶律倍的态度产生了一定变化。

在阿保机册封耶律倍为皇太子初期，时常对耶律倍委以重任。按《辽史》中记载："（神册四年）冬十月丙午，次乌谷部，天大风雪，兵不能进，上祷于天，俄顷而霁。命皇太子将先锋军进击，破之，俘获生口万四千二百，牛马车乘、庐帐器物二十余万。""（神册五年）皇太子率迭剌部夷离堇污里轸等略地云内、天德。""（神册六年）庚申，皇太子率王郁略地定州。"[9] 污里轸即耶律觌烈，系阿保机得力干将耶律曷鲁的弟弟，在阿保机担任契丹于越的时候就随侍在阿保机身边。在耶律曷鲁去世后，耶律觌烈担任了迭剌部夷离堇的职务。而王郁更是被阿保机"上呼郁为子"，深得阿保机信任，可见阿保机让此二人辅佐耶律倍开展军事行动，无疑是让耶律倍在军队中树立自己的权威，巩固自己的地位。

而到了阿保机统治后期，阿保机"命皇子尧骨为天下兵马大元帅"[10]后，笔者认为，阿保机已经放弃了让耶律倍皇位继承权的想法。一是阿保机本身是依靠迭剌部强大的军事实力谋取了契丹汗位，作为一国君主，阿保机不可能不知道军权对于继任者的重要性，而任命德光为兵马大元帅后，耶律倍再无单独作战的机会，被剥夺了军权的耶律倍想要争夺皇位无疑是难上加难，反而是二子耶律德光从天赞元年至阿保机逝世之前，频繁领兵征战。二是阿保机将耶律倍册封为人皇王，入主新建立的东丹国。《辽史》记载："丙午，册皇太子倍为人皇王以主之。以皇弟迭剌为左大相，渤海老相为右大相，渤海司徒大素贤为左次相，耶律羽之为右次相。"[11]"改其国曰东丹，名其城曰天福，以倍为人皇王主之，仍赐天子冠服，建元甘露，称制，置左右大次四相及百官，一用汉法……上谕曰：'此地濒海，非可久居，留汝抚治，以见朕爱民之心。'驾将还，倍做歌以献。陛辞，太祖曰：'得汝治东土，吾复何忧。'倍号泣而出。"[12]阿保机作为辽国的开创者，积极引入汉学文化，并且效仿中原封建王朝皇帝登基制度，对于皇太子的重要性必然有着深刻的了解，那么册封耶律倍为人皇王，治理东丹国，无疑是将耶律倍推离契丹政治中心。熟悉汉学文化的耶律倍，定然也是深知阿保机的用意，故而笔者认为"倍号泣而出"不仅是因为耶律倍远离父亲而泣，更是因为失去了继承权而泣。三是阿保机在册封耶律倍为人皇王后，又默认了耶律德光"元帅太子"的地位，笔者认为这一现象的出现表明了此时阿保机更加中意二子耶律德光作为自己的继承人。

按史料记载，耶律倍文韬武略方面各有建树，是契丹社会中少有的人才，那么又是因何缘故导致阿保机对耶律倍的态度有所改变呢？

通过梳理史料，笔者发现其关键的转折点在天赞元年十月。"冬十月甲子……分迭剌部为二院：斜涅赤为北院夷离堇，绾思为南院夷离堇。"[13]阿保机依靠迭剌部强大的实力取代了遥辇氏成为了契丹部落联盟的首领，然而由于阿保机试图改变契丹世选制度的旧俗，导致了迭剌部内部对阿保机的极大不满，阿保机的几个弟弟也正是在迭剌部的支持下发动了数次反对阿保机的"叛乱"。至天赞元年，阿保机的实力已经足够与迭剌部进行抗衡，因此将迭剌部一分为二，被分析后的迭剌部已经不在具备能够威胁阿保机统治地位的能力。故此，笔者有两点猜想：一是耶律倍是否得到了反对阿保机的迭剌部的支持？倘若阿保机册立耶律倍作为皇太子的行为是在与迭剌部博弈过程中采取的政治妥协，那么当迭

[11]（元）脱脱等撰：《辽史》卷2《太祖纪下》，中华书局，1974年。

[12]（元）脱脱等撰：《辽史》卷72《宗室·义宗倍传》，中华书局，1974年。

[13]（元）脱脱等撰：《辽史》卷2《太祖纪下》，中华书局，1974年。

[14]（元）脱脱等撰：《辽史》卷2《太祖纪下》，中华书局，1974年。

[15] 同[14]。

剌部失势之后，被迭剌部所支持的耶律倍同样失去了皇太子应有的权威；二是耶律倍虽然没有参与到阿保机与迭剌部之争中，但是随着阿保机权势的稳固，已经不再需要耶律倍作为笼络汉族集团，维系皇位稳定的筹码，因此阿保机可以大胆地培养自己更中意的耶律德光作为皇位继承人。"十一月壬寅，命皇帝尧骨为天下兵马大元帅，略低蓟北。"[14]因此，在分析迭剌部仅仅一月之后，阿保机便任命耶律德光为天下兵马大元帅，为耶律德光即位铺平道路。

可见，无论是源自于哪种猜想，自天赞元年十一月后，耶律倍不但失去了掌握军队的机会，同时更失去了继承皇位的最大优势，即阿保机的支持，再无与耶律德光争夺皇位的可能性。因此，让位于太宗耶律德光是耶律倍的必然选择。

三、淳钦皇后述律平的干预

除上述观点外，影响耶律倍继承皇位的另一重要因素在于阿保机之妻、应天后述律平的意志。

辽天显元年（926年），辽太祖耶律阿保机在征渤海返程的途中意外辞世，述律后趁机掌握了契丹大权，"壬午，皇后称制，权决军国事"。[15]掌握了国家大权的述律后在契丹上层社会进行了一次大的清洗。"九月壬戌，南府宰相苏薨。""十一月丙寅，杀南院夷离堇耶律迭里、郎君耶律匹鲁等。"此外还有耶律海里、耶律欲稳、康默记等阿保机的重臣在天显初年左右逝世，林鹄《辽太宗继位考》一文中认为此三人是否属于正常死亡，非常值得怀疑。可见，述律后的个人意志在此时具有十分重要的意义，对皇位的继承有着至关重要的影响。

如前文所引述"契丹述律后爱中子德光，欲立之，至西楼，命与突欲乘马立帐前，谓诸酋长曰：'二子吾皆爱之，莫知所立，汝曹择可立者执其辔。'酋长知其意，争执德光辔，欢跃曰：'愿侍元帅太子。'后曰：'众之所欲，吾安敢违。'遂立之为天皇王"。[16]"倍知皇太后意欲立德光，乃谓公卿曰：'大元帅德光及人神，中外攸属，宜主社稷。'乃与群臣请于太后而让位焉。"[17]

"冬十一月壬戌，人皇王倍率群臣请于。"可见，诸酋长选择支持德光及耶律倍让位于德光均是出自于述律后的意志，伴随着述律后大权在握，原本支持耶律倍的势力也被一一清洗。《辽史·耶律安抟传》记载："太祖崩，淳钦皇后称制，欲以大元帅嗣位。迭里建言，帝位宜先嫡长；今东丹王赴朝，当立。由是忤旨。以党附东丹王，诏下狱，询鞫，加以炮烙。不伏，杀之，籍其家。"[18] 有趣的是，迭里反对耶律德光即位的理由是"帝位宜先嫡长"，而并非是因为耶律倍为阿保机所册立的皇太子，由此可以佐证阿保机早有"废长立幼"之意。

从另一角度讲，述律后在阿保机建国时就始终站在阿保机一方，帮助阿保机平定叛乱，扩张领土，"行兵御众，后尝与谋"。[19] 因此，倘若阿保机存在着册立德光为继任者的想法，笔者认为述律后所做的一切，都是遵从于阿保机的意愿。《辽史》中记载："初，太祖常谓太宗必兴我家，后欲令皇太子倍避之，太祖册倍为东丹王。"[20] 可见，认定德光能够使国家振兴是阿保机本人，述律后拥立耶律德光继位是完成了阿保机的意愿。

结语

综上所述，笔者认为耶律倍让位于太宗耶律德光是一个复杂而又多层次的事件。首先，在阿保机建国初期，契丹族正处于由部族联盟制度向封建王朝过渡的关键时刻，耶律倍的存在让阿保机能够更好地掌握国家的统治权，然而在并未完全消除契丹旧俗影响下，成为皇太子并不是成为皇位的唯一继承人，也不够给耶律倍带来更多的权势。其次，耶律倍在后期失去了阿保机的支持，或因阿保机改立德光的意图，或因耶律倍自己参与了反对阿保机的活动，从而导致耶律倍手中没有能够与耶律德光、述律后相抗衡的军事实力。在多方势力的纵横交错下，耶律倍更像是稳定政权的工具，而非权力的继承者，以至于在失去阿保机的支持后，只能将皇位拱手让与耶律德光，成为一名让国皇帝。

[16]（宋）司马光撰：《资治通鉴》卷286，中华书局，1956年。

[17]（元）脱脱等撰：《辽史》卷72《宗室·义宗倍传》，中华书局，1974年。

[18]（元）脱脱等撰：《辽史》卷77《耶律安抟传》，中华书局，1974年。

[19]（元）脱脱等撰：《辽史》卷71《后妃》，中华书局，1974年。

[20] 同[19]。

小议耶律阿保机建国历史背景

杜若铭

北京辽金城垣博物馆

契丹族被称为马背上的民族，骁勇善战，其军事实力一直为周围民族、国家所忌惮。耶律阿保机在建国前通过其强大的部族背景和军事才能整合了契丹族的军事资源，夺得了契丹族的核心权力——军权，因为契丹族一直有军权能够压制政权的传统。耶律阿保机在对内对外的战斗中获胜，完成了军权、政权的统一，稳定了民族、国家。本文通过梳理、分析耶律阿保机建立国家的过程，阐述了契丹族由分散的部落联盟到建立国家的历史背景。

耶律阿保机能够走上契丹族权力的中心，首先是依靠强大的部族背景，这个背景与契丹族军权有着密切的关系。《辽史》有云："辽之先，出自炎帝，世为审吉国，其可知者盖自奇首云。奇首生都庵山，徙潢河之滨。传至雅里，始立制度，置官属，刻木为契，穴地为牢。让阻午而不肯自立。雅里生毗牒。毗牒生颏领。颏领生耨里思，大度寡欲，令不严而人化，是为肃祖。肃祖生萨剌德，尝与黄室韦挑战，矢贯数札，是为懿祖。懿祖生匀德实，始教民稼穑，善畜牧，国以殷富，是为玄祖。玄祖生撒剌的，仁民爱物，始置铁冶，教民鼓铸，是为德祖，即太祖之父也。世为契丹遥辇氏之夷离堇，执其政柄。"[1] 契丹族认为他们的先祖是炎帝，祖先是奇首可汗，首位契丹族夷离堇雅里是奇首可汗的后代，耶律阿保机是雅里族人的子孙。

夷离堇在契丹族一直是处于十分重要的地位，首先它是契丹族军事首领，"夷离堇，统军马大官"。[2] 此外，夷离堇还是部落酋长的一种称号，《辽史·营卫志下》有云："太祖更诸部夷离堇为令稳。"[3] 另外，自雅里成为夷离堇之后，夷离堇开始掌司法权，"阻午可汗知宗室雅里之贤，命为夷离堇以掌刑辟"。[4]《辽史》记载的契丹族夷离堇继承者如同联盟长世选一样，是从首任夷离堇的部族来选取，所以雅里的继任者仅限于他所在部族的子

[1]（元）脱脱等撰：《辽史》卷2，中华书局，1974年，第24页。

[2]（元）脱脱等撰：《辽史》卷73，中华书局，1974年，第1534页。

[3]（元）脱脱等撰：《辽史》卷33，中华书局，1974年，第385页。

[4]（元）脱脱等撰：《辽史》卷61，中华书局，1974年，第935页。

孙；《辽史》中记载的夷离堇很多，更换频繁，有连任者，任期不会太长。夷离堇的就任仪式如同可汗一样，举行再生礼和柴册仪，《辽史》记载了夷离堇就职的柴册礼仪式，"遥辇痕德堇可汗时，异母兄罨古只为迭剌部夷离堇。故事，为夷离堇者，得行再生礼。罨古只方就帐易服，辖底遂取红袍、貂蝉冠，乘白马而出。乃令党人大呼曰：'堇出矣！'众皆罗拜，因行柴册礼，自立为夷离堇"。[5]这是两个契丹族古老的仪式是由阻午可汗进行整合，使之更加规范、仪式化。

耶律阿保机出身于可以世选为夷离堇的部族中，给他登上历史的舞台提供了台阶。除此之外，耶律阿保机也具有强硬的军事素质，卓越的政治才能，为统一部族，建立统一的政权提供了必要条件。痕德堇可汗时期，耶律阿保机就任挞马狘沙里，"挞马，人从也。沙里，郎君也。管率众人之官。后有止称挞马者"。[6]挞马是耶律释鲁创立的一种独立的亲信精兵，以备扈从，同时也是契丹军兵中的核心力量，挞马狘沙里就是侍卫亲兵的首领[7]，这个职位在军队中十分重要，并且耶律阿保机在这个职位上立下战功，"时小黄室韦不附，太祖以计降之。伐越兀及乌古、六奚、比沙诸部，克之"。[8]接着，耶律阿保机于唐天复元年（901年）立为本部夷离堇，即迭剌部夷离堇，"专征讨，连破室韦、于厥及奚帅辖剌哥，俘获甚众。冬十月，授大迭烈府夷离堇"。《辽史·国语解》曾载："大迭烈府，即迭剌部之府也，初，阻午可汗与其弟撒里本领之"。[9]大迭烈府夷离堇的军权已经不局限于调遣迭剌部的军马，实际上已经是契丹族的夷离堇、军事首领。之后自公元902—906年，连年征战，四面出击，征讨唐、女真、室韦、奚等，"以兵四十万伐河东代北，攻下九郡……伐女直……复攻下河东怀远等军……讨黑车子室韦……复击刘仁恭……遣偏师讨奚、诸部及东北女直之未附者，悉破降之"。[10]耶律阿保机不仅正面作战，还使计诈敌，有勇有谋，"遣室韦人牟里诈称其酋长所遣，约霸兵会平原。既至，四面伏发，擒霸，歼其众，乘胜大破室韦"。[11]耶律阿保机于公元903年"拜太祖于越、总知军国事"。公元906年"十二月，痕德可汗殂，群臣奉遗命请立太祖。曷鲁等劝进。太祖三让，从之"。[12]公元907年元月，耶律阿保机即皇帝位，成为契丹族联盟长。

[5]（元）脱脱等撰：《辽史》卷112，中华书局，1974年，第1498页。

[6]（元）脱脱等撰：《辽史》卷116，中华书局，1974年，第1534页。

[7]蔡美彪：《契丹部族组织和国家的产生》，《历史研究》1964年第5—6期。

[8]（元）脱脱等撰：《辽史》卷1，中华书局，1974年，第1页。

[9]（元）脱脱等撰：《辽史》卷116，中华书局，1974年，第1534页。

[10]（元）脱脱等撰：《辽史》卷1，中华书局，1974年，第2页。

[11]同[10]。

[12]同[10]。

耶律阿保机似乎是顺理成章地成为契丹族联盟长，其实暗藏忧患。"太祖将即位，让辖底，辖底曰：'皇帝圣人，由天所命，臣岂敢当！'太祖命为于越。"[13] 耶律阿保机登上联盟长之位，却要让与耶律辖底，那么耶律辖底在当时的契丹族中具有怎样的重要地位。在《辽史》中有耶律辖底的小传，是在《逆臣上》的章节中，不是正面的形象。

痕德堇可汗时期耶律辖底的同父异母的兄弟罨古只是迭剌部的夷离堇，他在罨古只举行再生礼时抢夺并取代罨古只举行仪式，并行柴册礼自立为夷离堇，这个夷离堇是契丹族的夷离堇。耶律辖底与当时的于越耶律释鲁共同治理契丹族，不过不久耶律释鲁被其子耶律滑哥等人所杀，耶律辖底怕别人怀疑自己就带着两个儿子出逃渤海，此时契丹族于越被杀，夷离堇出逃，痕德堇可汗同年任命耶律阿保机为迭剌部夷离堇，奉命查耶律释鲁被杀案，耶律辖底直到太祖即位才回来。耶律释鲁被杀是契丹族历史中一个重要的事件，首先，耶律释鲁是契丹族的于越，于越在建国之前是在契丹族联盟中高于夷离堇的官职，《辽史·百官志》有曰："于越坐而论议以象公师。"[14] 且进一步说明："大于越府。无职掌，班百僚之上，非有大功德者不授，辽国尊官，犹南面之有三公。"[15] 耶律辖底能成为夷离堇与耶律释鲁"同知国政"，实际是耶律辖底的篡权得到了耶律释鲁的支持，也有可能耶律辖底从此受到了耶律释鲁的控制，或者夷离堇和于越是相互制衡的关系。耶律释鲁被杀说明此时的契丹族政权动荡。此外，耶律阿保机也由于耶律释鲁被杀、耶律辖底出逃，有机会受到痕德堇可汗的重用。不过耶律辖底在契丹族的地位较高，野心大，他从罨古只夺得夷离堇的手段并不光彩，耶律阿保机因此对他有所忌惮。由于耶律辖底不仅是耶律阿保机的长辈，还是前任迭剌部夷离堇，所以即位时先让位于耶律辖底，后任命他为于越。

公元907年，耶律阿保机任命自己的弟弟迭栗底为迭烈府夷离堇，公元908年设置惕隐，任命皇弟撒剌为首任惕隐。惕隐的设置是耶律阿保机即位后的一项重要举措，其职能是"治宗族"，即管理契丹迭剌部贵族事物，这个职位的设置削弱了迭剌部内部贵族的势力来维护耶律阿保机的个人权力。

耶律辖底确实不满足于现状，很快就参与到第一次的"诸弟

[13]（元）脱脱等撰：《辽史》卷112，中华书局，1974年，第1498页。

[14]（元）脱脱等撰：《辽史》卷45，中华书局，1974年，第686页。

[15]（元）脱脱等撰：《辽史》卷45，中华书局，1974年，第694页。

之乱","辖底诱剌葛等乱,不从者杀之"[16],可见耶律辖底是"诸弟之乱"的始作俑者。"(笔者注:911年)五月,皇弟剌葛、迭剌、寅底石、安端谋反。安端妻粘睦姑知之,以告,得实。上不忍加诛,乃与诸弟登山刑牲,告天地为誓而赦其罪。出剌葛为迭剌部夷离堇,封粘睦姑为晋国夫人。"第一次的"诸弟之乱"以耶律辖底怂恿皇弟剌葛、迭剌、寅底石、安端谋反开始,却以耶律阿保机不忍处罚结束,并与谋反的弟弟们"登山刑牲",祈求天地的赦免,并任命剌葛为迭剌部夷离堇,公元912年任命化葛(滑哥)为惕隐,耶律滑哥是耶律释鲁之死的主凶。一次叛乱却是以不忍处罚且权力的再分配为结束,这说明耶律阿保机以军权在平叛中获胜还需用政治手段稳定契丹族内部,即用包容背叛换取迭剌部贵族支持他继续对外征战,因为耶律阿保机自继位之后并未停止对外征讨:

"(908年)冬十月己亥朔……遣轻兵取吐浑叛入室韦者。"

"(909年)三月,沧州节度使刘守文为弟守光所攻,遣人来乞兵讨之。命皇弟舍利素、夷离萧敌鲁以兵会守文于北淖口。进至横海军近淀,一鼓破之,守光溃去。"

"(910年)冬十月,乌马山奚库支及查剌底、锄勃德等叛,讨平之。"

"(911年)丙申,上亲征西部奚。奚阻险,叛服不常,数招谕弗听。是役所向辄下,遂分兵讨东部奚,亦平之。于是尽有奚、之地。东际海,南暨白檀,西松漠,北抵潢水,凡五部,咸入版籍。"

"(912年)二月戊午,亲征刘守光。……秋七月丙午,亲征术不姑,降之,俘获以数万计。命弟剌葛分兵攻平州。"[17]

耶律阿保机对诸弟叛乱的包容一方面是安抚迭剌部贵族,因为他还没有实力完全肃清反动势力,另一方面是诸弟之叛还没有从根本影响到他的权力,他可以继续征伐周围的民族、政权,扩大疆域,增加人口。

公元912年,爆发了第二次的"诸弟之乱","冬十月戊寅,剌葛破平州,还,复与迭剌、寅底石、安端等反。……诸弟各遣人谢罪。上犹矜怜,许以自新。……七年(913年)春正月甲辰

[16] (元)脱脱等撰:《辽史》卷112,中华书局,1974年,第1498页。

[17] (元)脱脱等撰:《辽史》卷1,中华书局,1974年,第3—4页。

朔……剌葛等引退，上复数遣使抚慰"。[18]耶律阿保机仍对这次叛乱继续包容，同年三月就爆发了第三次的"诸弟之乱"，"三月癸丑，次芦水，弟迭剌哥图为奚王，与安端拥千余骑而至，绐称入觐。……剌葛引其众至乙室堇淀，具天子旗鼓，将自立，皇太后阴遣人谕令避去。会弭姑乃、怀里阳言车驾且至，其众惊溃，掠居民北走，上以兵追之。剌葛遣其党寅底石引兵径趋行宫，焚其辎重、庐帐，纵兵大杀。皇后急遣蜀古鲁救之，仅得天子旗鼓而已。其党神速姑复劫西楼，焚明王楼"。[19]

这一次的叛乱规模最大，波及到皇太后、皇后，并且争夺"旗鼓"，说明了契丹族联盟长权力是"诸弟"争夺的目标，并不是所谓的权力分配的不满，这动摇了耶律阿保机的根本权力。这次的平叛中耶律阿保机设置的"腹心部"起到了关键的作用，"太祖宫行营始置腹心部，选诸部豪健二千余充之，以曷鲁及萧敌鲁总焉。已而诸弟之乱作，太祖命曷鲁总领军事，讨平之，以功为迭剌部夷离堇"。[20]

耶律阿保机面对第三次的诸弟之叛，似乎不想再容忍了。"上怒曰：'尔曹始谋逆乱，朕特恕之，使改过自新，尚尔反复，将不利于朕！'"[21]平叛后的处罚的轻重差别还是挺大的，重罚的有：

"壬辰，次狼河，获逆党雅里、弭里，生埋之铜河南轨下。"

"庚子，次阿敦泺，以养子涅里思附诸弟叛，以鬼箭射杀之。其余党六千，各以轻重论刑。……以夷离涅里衮附诸弟为叛，不忍显戮，命自投崖而死。"

"秋八月己卯，幸龙眉宫，轘（车裂）逆党二十九人，以其妻女赐有功将校。"

"癸未，乙室府人迪里古、迷骨离部人特里以从逆诛。"

"前于越赫底里子解里、剌葛妻辖剌已实预逆谋，命皆绞杀之。"

"于越率懒之子化哥屡蓄奸谋，上每优容之，而反复不悛，召父老群臣正其罪，并其子戮之，分其财以给卫士。"

"秋七月丙申朔，有司上诸帐族与谋逆者三百余人罪状，皆弃市。"

反而对于这场叛乱的领导者和部分从党处以轻罪：

[18]（元）脱脱等撰：《辽史》卷1，中华书局，1974年，第6页。
[19]同[18]。
[20]（元）脱脱等撰：《辽史》卷73，中华书局，1974年，第1221页。
[21]（元）脱脱等撰：《辽史》卷1，中华书局，1974年，第6页。

"于骨里部人特离敏执逆党怖胡、亚里只等十七人来献，上亲鞫之。辞多连宗室及有胁从者，乃杖杀首恶怖胡，余并原释。"

"有司所鞫逆党三百余人，狱既具，上以人命至重，死不复生，赐宴一日，随其平生之好，使为之。酒酣，或歌，或舞，或戏射、角，各极其意。明日，乃以轻重论刑。"

"首恶剌葛，其次迭剌哥，上犹弟之，不忍置法，杖而释之。以寅底石、安端性本庸弱，为剌葛所使，皆释其罪。前于越赫底里子解里、剌葛妻辖剌已实预逆谋，命皆绞杀之。寅底石妻涅离胁从，安端妻粘睦姑尝有忠告，并免。"[22]

怂恿诸弟叛乱的耶律辖底于公元913年五月和剌葛在榆河被擒，囚禁数月后，缢杀之，《辽史·耶律辖底传》记录了在耶律辖底死之前，耶律阿保机与他的一段对话：

太祖问曰："朕初即位，尝以国让，叔父辞之；今反欲立吾弟，何也？"辖底对曰："始臣不知天子之贵，及陛下即位，卫从甚严，与凡庶不同，臣尝奏事心动，始有窥觎之意。度陛下英武，必不可取；诸弟懦弱，得则易图也。事若成，岂容诸弟乎！"太祖谓诸弟曰："汝辈乃从斯人之言耶！"[23]

结合这段对话和耶律阿保机对首恶剌葛及参与叛乱的诸弟的轻罚来看，耶律阿保机将诸弟之叛归咎于诸弟受到了耶律辖底的蛊惑而背叛他，而不是自发的，给自己对诸弟的轻罚找到了理由。此外，耶律辖底是耶律阿保机的长辈以及前任迭剌部夷离堇，此时八部联盟议事会世选联盟长的权力已被破坏，但是新的世袭制还未确立，他对耶律阿保机的地位有实质的威胁，所以耶律辖底受到了严惩。

耶律阿保机对于诸弟之叛的评判和处罚说明了他不只是一个骁勇善战的契丹族联盟长，他更是一个卓越的政治家，在权力、迭剌部贵族、新旧制度之间不断寻找平衡稳步前进。此外，迭剌部的贵族实力不容小觑，诸弟之乱后，仍有契丹族内部叛乱，"（笔者注：918年）夏四月乙巳，皇弟迭烈哥谋叛，事觉，知有罪当诛，预为营圹，而诸戚请免。……遂赦迭烈哥"[24]处理结果受到了迭剌部贵族强烈影响。不过一次次的平叛成功就是一次次的军权、政治斗争，耶律阿保机都在斗争中获胜。

此外，《新五代史·四夷附录一》中对耶律阿保机有这样一段

[22]（元）脱脱等撰：《辽史》卷1，中华书局，1974年，第8—9页。

[23]（元）脱脱等撰：《辽史》卷112，中华书局，1974年，第1498页。

[24] （元）脱脱等撰：《辽史》卷1，中华书局，1974年，第12页。

[25] （宋）欧阳修撰：《新五代史》卷72，中华书局，1974年，第886—887页。

记载，有学者称之为"盐池宴"或者更准确地说是"戮杀八部长事件"："是时，刘守光暴虐，幽、涿之人多亡入契丹。阿保机乘间入塞，攻陷城邑，俘其人民，依唐州县置城以居之。汉人教阿保机曰：'中国之王无代立者。'由是阿保机益以威制诸部而不肯代。其立九年，诸部以其久不代，共责诮之。阿保机不得已，传其旗鼓，而谓诸部曰：'吾立九年，所得汉人多矣，吾欲自为一部以治汉城，可乎？'诸部许之。汉城在炭山东南滦河上，有盐铁之利，乃后魏滑盐县也。其地可植五谷，阿保机率汉人耕种，为治城郭邑屋廛市，如幽州制度，汉人安之，不复思归。阿保机知众可用，用其妻述律策，使人告诸部大人曰：'我有盐池，诸部所食。然诸部知食盐之利，而不知盐有主人，可乎？当来犒我。'诸部以为然，共以牛酒会盐池。阿保机伏兵其旁，酒酣伏发，尽杀诸部大人，遂立，不复代。"[25]

《辽史》中没有对这个事件的详细记载，以致该事件的时间地点无处详查，不过《新五代史》中对该事件的记录要点还是值得参考。首先是"是时，刘守光暴虐，幽、涿之人多亡入契丹"，这个是事件的大概时间，刘守光是唐末辽初之人，公元907年因禁自己的父亲，自称为幽州龙军节度使，因此"盐池宴"发生在耶律阿保机建国前后不久，事件的起因于契丹各部族不满耶律阿保机不世选继承人在位太久，耶律阿保机为稳固自己的军权、政权设计诛杀"诸部大人"。这种事件的发生在一个新政权的建立前后出现并不罕见，有很多学者对该事件做过论述，笔者认为该事件有发生过，只是有些细节并不是《新五代史》记录的如此，因为很多细节不详，不过耶律阿保机确实在该事件中通过把握军权以军事行动肃清了一些反对自己的内部势力以及这些势力勾结的外部势力，剥夺了契丹族传统的八部联盟议事会世选契丹族联盟长的权力，逐渐废除了世选制确立了世袭制，巩固了自己的军权、政权，建立国家，使契丹族进入了封建化的进程。

辽代四时捺钵的文体活动

王晓颖

北京辽金城垣博物馆

[1]（元）脱脱等撰：《辽史·营卫志上》卷三六一，中华书局，1974年。

[2]（元）脱脱等撰：《辽史·营卫志中》卷三七三，中华书局，1974年。

[3]（元）脱脱等撰：《辽史·营卫志中》卷三七五，中华书局，1974年。

[4]（元）脱脱等撰：《辽史·营卫志中》卷三七三，中华书局，1974年。

关于四时捺钵的文献记载颇多，方便我们了解其涵义。《辽史·营卫志上》："居有宫卫，谓之斡鲁朵；出有行营，谓之捺钵。"[1]《辽史·营卫志》："辽国尽有大漠，浸包长城之境，因宜为治。秋冬违寒，春夏避暑，随水草就畋渔，岁以为常四时各有行在之所，谓之捺钵。"[2] 根据《辽史·本纪》和《游幸表》的记载，自辽太祖起至辽末天祚帝，辽代的最高统治阶层一直在奉行四时捺钵制，"每岁四时，周而复始"。[3] 辽帝在四时巡守时，会举办诸多的文体活动，统治者大多都参与其中。活动的内容、规模、举办的频次都可以反映出上层社会文体活动的流行趋势及发展走向。本文主要依据《辽史》及其他史料的相关记载对四时捺钵的文体活动做一总结陈述。

一、四时捺钵文体活动的内容构成

（一）捕猎、射柳

捕猎是捺钵的重头戏，统治者根据季节和地点组织不同内容的捕猎活动。这与契丹人擅长骑射和尚勇的精神分不开的，也是建国初始，以游牧业为主的经济方式决定的。《辽史·营卫志》中有关四时捺钵的捕猎活动有详细的描述："春捺钵，天鹅未至，卓帐冰上，凿冰取鱼。冰泮，乃纵鹰鹘捕鹅雁。晨出暮归，从事弋猎。夏捺钵，四月中旬起牙帐，卜吉地为纳凉所，五月末旬、六月上旬至。居五旬。与北、南臣僚议国事，暇日游猎。秋捺钵，七月中旬自纳凉处起牙帐，入山射鹿及虎。冬捺钵，与北、南大臣会议国事，时出校猎讲武，兼受南宋及诸国礼宾。"[4] 由此可见，捕猎对象会根据捺钵地点和季节而定。笔者根据《辽史·游

[5] （元）脱脱等撰：《辽史·营卫志中》卷三七四，中华书局1974年。

[6] （元）脱脱等撰：《辽史·本纪》卷一〇，中华书局1974年。

幸表》进行统计得出：捕猎活动在时间上最频繁时是集中在八九月的秋捺钵时，达到七十余次。在捕猎内容上则以射虎、鹿和障鹰为主。《辽史·营卫志》中记载："七月中旬自纳凉处起牙帐，入山射鹿及虎。林在永州西北五十里。尝有虎据林，伤害居民畜牧。景宗领数骑猎焉，虎伏草际，战栗不敢仰视，上舍之，因号伏虎林。每岁车驾至，皇族而下分布泺水侧。伺夜将半，鹿饮盐水，令猎人吹角效鹿鸣，既集而射之。谓之'舐碱鹿'，又名'呼鹿'。"[5]

障鹰时间集中在6—8月，介于夏秋捺钵期间。根据《游幸表》统计：太宗、穆宗、圣宗都喜爱障鹰。尤其圣宗时，《游幸表》里有九次障鹰记录。

其他的捕猎活动就是冬春、捺钵时的钩鱼和放飞。《辽史》："冬十月戊申，钩鱼于鸭绿江。新罗遣使贡方物，高丽遣使进宝剑，吴越王钱镠遣滕彦休来宾。"[6] 据《游幸表》和《本纪》记载：太宗会同九年（946年）三月，钩鱼于土河。

景宗保宁十年（978年）十月，渔于裹潭。

圣宗统和元年（983年）十一月，钩鱼于近川；统和四年（986年）正月，观渔于新湾，猎于谒懒甸；统和七年（989年）十二月，猎于蓟州之南甸，钩鱼于曲水泺；统和九年（991年）二月，如曲水泺；统和十二年（994年）十一月，渔于潞县西泺；统和十九年（1001年）十二月，渔于崖头川和阎崖；统和二十年（1002年）九月，叉鱼于辽河；统和二十一年（1003年）十一月，钩鱼于周河。开泰元年（1012年）四月，捕鱼于排得述鲁泺；开泰二年（1013年）十月，钩鱼于长泺；开泰三年（1014年）二月，观渔于环泥泺；同年三月，观渔于三树泺弋鹅于萨堤泺；开泰六年（1017年）五月，观渔于莲花泺；开泰七年（1018年）三月，如三树泺；开泰九年（1020年）十月，观渔于沙泺。太平三年（1023年）正月，观渔于鸭绿江，二月，驻跸于鱼儿泺，飞放于挞鲁河；太平四年（1024年）三月，飞放于长春河；太平七年（1027年）二月，如长春河飞放；太平八年（1028年）正月，钩鱼弋鹅于长春河。共计二十余次。

兴宗重熙五年（1036年）五月，钩鱼于赤项泺；重熙八年（1039年）正月，叉鱼于治河；重熙九年（1040年）十月，观渔于混同江，飞放于韶阳军；重熙十一年（1042年）二月壬寅，如鸳鸯泺；重熙十三年（1044年）二月，如鱼儿泺；重熙十五年（1046年）正月如混同江，二月如鱼儿泺；重熙十六年（1047年）正月如混同江，二月如鱼儿泺，三月如黑水泺；重熙十七年（1048年）正月，如春水；重熙十九年（1050年）正月如鱼儿泺，四月如鱼儿泺；重熙二十年（1051年）正月驻跸混同江，二月如苍耳泺，三月幸黑水如多树泺；重熙二十一年（1052年）正月如混同江，二月如鱼儿泺；重熙二十二年（1053年）正月如混同江，二月如春水，三月如黑水泺。共计二十余次。

道宗清宁二年（1056年）正月，幸鱼儿泺；清宁三年（1057年）正月如鸭子河，二月己未如大鱼泺；清宁四年（1058年）正月如鸭子河钓鱼，二月庚戌如鱼儿泺；清宁六年（1060年）春，如鸳鸯泺；清宁八年（1062年）正月如鸭子河，二月驻跸纳葛泺；清宁九年（1063年）正月幸鸳鸯泺。咸雍二年（1066年）正月，如鸭子河；咸雍三年（1067年）正月如鸭子河，甲子，御安流店钓鱼，三月驻跸于细葛泺；咸雍四年（1068年）正月丙子如鸳鸯泊；咸雍六年（1070年）正月，如千鹅泺；咸雍七年（1071年）正月如鸭子河，二月如鱼儿泺，夏四月癸酉如纳葛泺；咸雍八年（1072年）正月如鱼儿泺；咸雍九年（1073年）三月如黑水泺；咸雍十年（1074年）正月乙卯，如鸳鸯泺。大（太）康元年（1075年）正月如混同江，二月乙酉驻跸大鱼泺；大（太）康二年（1076年）正月己未，如春水；庚辰，驻跸双泺；大（太）康三年（1077年）正月如混同江，二月己丑如鱼儿泺；大（太）康四年（1078年）正月庚辰，如春水；大（太）康五年（1079年）正月壬申，如混同江；乙亥，如山榆淀；三月辛未，以宰相仁杰获头鹅，加侍中；夏四月己未，如纳葛泺；大（太）康六年（1080年）正月癸酉，如鸳鸯泺；大（太）康七年（1081年）二月甲子，如鱼儿泺；大（太）康八年（1082年）正月甲申如混同江；二月戊午如山榆淀；大（太）康九年（1083年）正月辛巳，如春水；大（太）康十年（1084年）正月辛丑朔，如春水；戊辰，如山榆淀。大安元年（1085年）正月丁酉，如混同江；二月辛未，如山榆淀；大安二年（1086年）正月辛卯，如混同江；二月癸酉，驻跸山榆淀；大安三年（1087年）正月乙卯，如鱼儿泺；大安四年（1088年）正月庚戌，如混同江；二月己丑，如鱼儿泺；闰十二月丙午，如混同江；大安五年（1089年）正月癸未，如鱼儿泺；大安六年（1090年）正月，如混同江；大安七年（1091年）正月壬戌，如混同江；二月己亥，驻跸鱼儿泺；三月丙戌，驻跸黑龙江；大安八年（1092年）正月乙酉，如山榆淀；三月己亥，驻跸挞里舍淀；大安九年（1093年）正月庚辰，如混同江；大安十年（1094年）正月，如春水。寿昌（隆）元年（1095年）正月己亥，如混同江；二月乙亥，驻跸鱼儿泊；寿昌（隆）二年（1096年）正月甲午，如春水；寿昌（隆）三年（1097年）正月丁亥，如春水；寿昌（隆）四年（1098年）正月壬子，如鱼儿泺；寿昌（隆）五年（1099年）正月乙巳，如鱼儿泺；寿昌（隆）六年（1100年）正月丁亥，如春水；寿昌（隆）七年（1101年）正月癸亥，如混同江。共计六十余次。

天祚帝乾统二年（1102年）正月，如鸭子河；二月辛卯如春州；乾统三年（1103年）正月辛巳朔，如混同江；戊申如春州；乾统四年（1104年）正月，幸鱼儿泺；乾统五年（1105年）二月丙午，幸鸳鸯泺；乾统七年（1107年）正月，钓鱼于鸭子河；二月驻跸大鱼泺；乾统八年（1108年）正月，如春州；乾统九年（1109年）正月，如鸭子河；乾统十年（1110年）正月辛丑，如鸭子河；二月驻跸大鱼泺。天庆元年（1111年）正月，钓鱼于鸭子河，二月如春州；天庆二年（1112年）正月，如鸭子河；二月丁酉如春州，幸混同江钓鱼；天庆三年（1113年）正月丁卯，如大鱼泺；天庆四年（1114年）正月，如春州；天庆八年（1118年）正月，幸鸳鸯泺；天庆九年（1119年）二月，至鸳鸯泺；天庆十年（1120年）二月，幸鸳鸯泺。保大元年（1121年）二月，幸鸳鸯泺。共计二十余次。

射柳，又称"蹛柳""斫柳""扎柳"，属古匈奴、古鲜卑族俗，即用弓箭射柳枝。辽代契丹族不仅传承了该习俗，还将射柳与契丹旧俗"瑟瑟仪"相结合。《辽史·礼志》载："若旱，择吉日，行瑟瑟仪以祈雨。前期置百柱天棚，及期皇帝致奠于先帝御容，乃射柳。皇帝再射，亲王、宰执以次，各一射；中柳者质志柳者冠服，不中者以冠服质之。不胜者进饮于胜者，然后各归其冠服。

又翌日，植柳于天棚之东南，巫以酒酸、黍稆荐植柳注兄之。皇帝皇后祭东方毕，子弟射柳，皇族、国舅、群臣与礼者，赐物有差。"根据《辽史·游幸表》和《辽史·本纪》中的记载，举行时间以4—6月为主，举办地点则不固定，视捺钵所在及仪式活动内容而定；举行目的除祈雨外，还涉及祭祀、狩猎、竞技比赛、宴饮等方面；在射柳用具的选择上则有弓射和弩射之分，铁镞的选用以横镞箭为标准，既反映契丹族骑射军事水平的高超，也体现了射柳活动具有多元性和传承性的特征。

（二）击鞠、角抵

"击鞠"是骑马打曲棍球，古代称为"马球"，在辽代多称为"击鞠"，史籍中又称"击毬（球）"或"打毬（球）"等。[7]《辽史·本纪》中有关"击鞠"记载出现最早的是穆宗应历三年（953年），"三月庚辰朔，南唐遣使来聘，因附书于汉，诏达之。庚寅，如应州击鞠。丁酉，汉遣使进球衣及马"。[8]可见，击鞠在辽时也是具有外交礼仪性质的一种娱乐活动。

《辽史·游幸表》中有关"击鞠"的记载最集中。最早的是穆宗应历六年（956年）九月，出现次数最多的则是兴宗时期，共计14次。根据《游幸表》的记载，击鞠活动主要出现在辽代中后期，其出现的频率可以显示，击鞠是除捕猎活动外，统治阶级最爱好的活动之一。击鞠的地点也是遍布四时捺钵的驻跸地。辽圣宗时期，《辽史·本纪》："癸酉，临潢尹里哀进饮馔。上与诸王分朋击鞠。"[9]"冬十月丙申朔，上与大臣分朋击鞠。"[10]辽兴宗时期，《辽史·本纪》与《游幸表》都同时记载了重熙五年（1036年）六月，兴宗与大臣击鞠。"重熙七年（1038年）十二月，召善击鞠者数十人于东京，令与近鹏角胜，上临观之。"[11]"击鞠"活动在圣兴两朝的盛行程度，一度引起了政治上的争议。《辽史·马得臣传》载："时上击鞠无度，上书谏曰：'……今陛下以球马为乐，愚臣思之，有不宜者三，故不避斧锁言之。窃以君臣同戏，不免分争，君得臣愧，彼负此喜，一不宜。跃马挥杖，纵横驰骛，不顾上下之分，争先取胜，失人臣礼，二不宜。轻万乘之尊，图一时之乐，万一有衔勒之失，其如社稷、太后何？三不宜。'……

[7] 丛密林：《辽代击鞠考略》，《体育文化导刊》2016年第1期。

[8] （元）脱脱等撰：《辽史·本纪》卷七一，中华书局，1974年。

[9] （元）脱脱等撰：《辽史·本纪》卷一一一，中华书局，1974年。

[10] （元）脱脱等撰：《辽史·本纪》卷一二五，中华书局，1974年。

[11] （元）脱脱等撰：《辽史·本纪》卷二二一，中华书局，1974年。

[12]（元）脱脱等撰：《辽史·本纪》卷九，中华书局，1974年。

[13] 辽宁省博物馆发掘、辽宁铁岭地区文物组发掘小组：《法库叶茂台辽墓记略》，《文物》1975年第12期。

[14] 邢忠利：《辽朝契丹人文娱活动研究》，辽宁大学2015年硕士毕业论文。

书奏，帝嘉叹良久。"虽然如此，击鞠在辽代并未戒除，但是到了道宗及天祚帝时期，击鞠不再如前朝那么流行。《辽史》中相关记载颇少。

角抵是一种较力游戏，类似于现在的摔跤、相扑两两较力的活动。辽代的角抵，具有较强的娱乐性和观赏性。辽初，角抵便已流行。《辽史·本纪》载：太祖八年（914年）正月甲辰，"有司所鞫逆党三百作余人，狱既具，上以人命至重，死不复生，赐宴一日，随平生之好，使为之。酒酣，或歌或舞、或戏射、角抵，各极其意。明日，乃以轻重论刑"。[12]辽代皇帝每举行宴会也常举行角抵。据《辽史·本纪》记载：太宗天显四年（929年）"正月壬申朔，宴群臣至及诸国使，观俳优角抵戏"。己卯，如瓜埚。七年（932年）六月在祖州，"庚辰，观角抵戏。

《兴宗纪二》载：重熙十年（1041年）十月"辛卯，以皇子胡卢斡里生，北宰相。附马撒八宁迎上其第宴饮，上命卫士与汉人角抵为乐"。契丹节日、宫廷仪式都要举行角抵。据《辽史·礼志五》记载，皇帝纳后仪："百戏、角抵、戏马较胜以为乐。"《辽史·乐志》载："正月朔日朝贺，用宫悬雅乐。元会，用大乐；曲破后，用散乐，角抵终之。"辽册皇后之仪："呈百戏、角抵、戏马以为乐。"皇帝生辰乐次："酒七行，歌曲破，角抵。"曲宴宁国使乐次："酒九行，歌，角抵。"

（三）围棋和双陆

虽然《游幸表》中并未有关围棋类的记载，但辽墓已出土的大量围棋实物和壁画表明契丹人喜爱围棋这一活动。例如：陈国公主驸马合葬墓中，出土了八十粒围棋子。[13]在叶茂台辽墓中曾出土《山弈候约图》绢画、《山水楼阁图轴》，张家口市宣化大型辽代壁画墓群中的《三老对弈图》壁画，其中均有对辽人围棋活动的描绘。[14]《契丹风俗奏》："辽人……夏月以布衣帐毯，藉草围棋双陆，或深涧张鹰。"明确地描述了在夏捺钵时，围棋双陆和障鹰一样，是契丹人闲暇时经常进行的娱乐活动。

双陆是古代的一种博具，是双方博弈的棋盘游戏。在我国流行于曹魏时期，盛行于隋唐以及宋元。双陆不似围棋可以就地而下，它需要棋盘、棋子、骰子。棋盘大多是木制，棋子像马状，故双陆也称"打马"。辽代受中原文化的影响，双陆在上层社会也很流行。《辽史》记载，统和六年（998年）九月"丁酉，皇太后幸韩德让帐，厚加赏赍，命从臣分朋双陆以欢。戊戌，幸南京。"[15]

1974年在辽宁省法库县叶茂台大队的辽女墓发掘中，出土了髹漆木质双陆棋一副，这是目前我们所见最为完整的一局双陆。有学者考证，此墓主人为辽代最高统治阶层中的一个女性，可见墓主人生前对双陆棋的喜爱。[16]在接待外来使节时，双陆也作为活动出现过。宋代洪皓《松漠纪闻》："道宗末年，阿骨打来朝，以悟室从，与辽贵人双陆……阿骨打止得其柄，枓其胸，不死。"[17]

（四）乐舞

从目前已经发现辽墓中大量的乐舞类壁画中可知，契丹人是很热衷于乐舞类娱乐活动的。辽代的乐舞具有多元性的特点。"辽有国乐，犹先王之风；其诸国乐，犹诸侯之风。"[18]对于上层社会来说，都有专门的乐舞类奴仆从事此项活动。除了娱乐消遣的性质外，乐舞类活动对于统治阶级来说已经形成了习俗。比如辽帝捺钵出行时，《辽史·乐志》："七月十三日，皇帝出行宫三十里卓帐。十四日设宴，应从诸军随各部落动乐。十五日中元，大宴，用汉乐。春飞放杏堝，皇帝射获头鹅。荐庙燕饮，乐工数十人执小乐器侑酒。"

[15]（元）脱脱等撰：《辽史·本纪》卷一三一，中华书局，1974年。

[16] 王则、李成、黄岚：《库伦辽墓出土双陆及相关的几个问题》，《北方文物》2000年第4期。

[17] 黄凤岐：《契丹史研究》，内蒙古科学技术出版社，第252页。

[18]（元）脱脱等撰：《辽史·乐志》卷八八一，中华书局，1974年。

二、四时捺钵文体活动的影响

综上所述，辽代四时捺钵时期的文体活动具有地域性、季节性、民族性、多元性，还有与中原文化互通性的特点。虽然有些活动由于统治阶级的个别嗜好，引起社会的负面影响，但是文体活动的发展对整个社会发展的推动是有意义的，正面作用是毋庸置疑的。首先，娱乐的同时可以促进军事、生活技能的提升，补充物资，保证食物供给。骑猎是契丹辽朝的"立国之本"。辽朝契丹人的骑射，是寄娱乐、提高战术技能与满足生活必需品来源三者结合的产物。《辽史·太宗本纪》载侍中崔穷古言："晋主闻陛下数游猎，意请节之。"然而辽太宗却说："朕之畋猎，非徒从乐，所以练习武事也。乃诏谕之。"[19]

其次，本民族文化的传统得到继承和发扬，作为外交礼仪的一种方式，促进了民族之间文化交流、融合。《辽史·太宗本纪》载："天显四年春正月壬申朔，宴群臣及诸国使，观俳优不角抵戏。"[20]"七年六月戊辰，御制太祖建国碑。戊寅，乌古、敌烈德来宾。庚辰，观角抵戏。"[21]

再次，对后世文体活动的影响，促进了北方少数民族文体活动的发展。辽代捺钵制度在金、元、清都有不同程度的传承。捕猎、击鞠、射柳等活动对后世影响都较为深远。《金史》记载："皇帝回辇至幄次，更衣，行射柳、击毬之戏，亦辽俗也，金因尚之。"[22]清代的木兰秋狝也传承了捺钵的射猎习俗。

最后，提高了女性的参与度。射柳、棋类、骑射，女性均有参与。有别于中原文化的传统，更加开放，女性参与度的提高，有助于提高整个民族的素质。《辽史·后妃传》载："辽以鞍马为家，后妃往往长于射御，军旅田猎，未尝不从。"[23]辽代妇女从事体育活动，并不只是供人娱乐与观赏，而是具有竞技涵义，在实践操作中达到某种目的而进行的活动。女性参与程度的提升，有利于推进活动的普及范围，提升全民素质，对社会发展是一种推动。

[19]（元）脱脱等撰：《辽史·本纪》卷四八，中华书局，1974年。

[20]（元）脱脱等撰：《辽史·本纪》卷三〇，中华书局，1974年。

[21]（元）脱脱等撰：《辽史·本纪》卷三四，中华书局，1974年。

[22]（元）脱脱等撰：《金史·礼八》卷八二六，中华书局，1974年。

[23]（元）脱脱等撰：《辽史·列传》卷一二〇七，中华书局，1974年。

大同地区辽代壁画墓分期与文化因素浅析

穆洁

北京辽金城垣博物馆

大同，地处沟通塞外草原与中原腹地的交通要道，北魏曾在此建都近百年，自后晋石敬瑭会同元年（938年）割燕云十六州给契丹，大同始划入辽地，"初为大同军节度，重熙十三年（1044年）升为西京"。[1]在辽统治的两百余年里，自然条件的南北差异以及"蕃汉分治"的政治体制，促进了契丹文化与当地汉文化的相互影响、融合，形成了大同地区独特的历史风貌。

本文将对大同地区已清理的近20座辽代壁画墓的形制及壁画情况进行梳理，分析其时空发展线索，并以此为基础探讨不同文化因素对塑造大同地区独特历史面貌所发挥的作用。

一、大同地区辽代壁画墓分期

大同地区是辽代壁画墓发现的主要区域之一，多为汉人墓葬，一般都由墓道、甬道和墓室三部分组成。本区发现的辽代壁画墓中，纪年墓有许从赟夫妇墓[2]（982年）、新添堡M29（1119年）、卧虎湾M3（1107年）以及卧虎湾M5（1093年）。以几座纪年墓作为标准，可将本区辽代壁画墓划分为两个时期：

（一）第一期：穆宗至兴宗时期（951—1055）

1. 墓葬形制及特点

本期辽墓以许从赟夫妇墓为代表，均为火葬墓，绝大多数为砖券圆形单室墓。墓壁装饰以壁画为主，砖雕内容多为仿木构建筑和家具。壁画内容简单质朴，以立柱划分为几个空间，彼此之间相对独立，大多展现室内、庭院生活的场景，且各壁面内容不固定。墓门位于墓室南壁，其余各壁多影作或彩绘门、窗，两侧绘人物一至两名，人物形象具有典型的中原风格。随葬品数量普遍不多，以陶器为主，多为罐、壶、碗等，其中部分器物表面涂

[1]（元）脱脱撰：《辽史》卷四一，中华书局，1974年。

[2] 王银田、解廷琦、周雪松：《山西大同辽代军节度使许从赟夫妇壁画墓》，《考古》2005年第8期。

有黑、白、红彩，应为明器，不见瓷器。本期辽墓以汉文化占据主导地位，契丹文化因素很少，出现的髡发男侍[3]、鸡腿坛[4]等元素均为个例。

龙新花园[5]、周家店和五法村等辽墓的墓葬形制、壁画题材与布局特点等与许从赟夫妇墓基本一致，时代上可归于第一期。机车厂辽墓出土的喇叭形器，与许从赟夫妇墓以及本区晚唐、五代时期的器物造型和装饰风格一致[6]，根据近年来掌握的考古资料，这种器型从辽代中期之后就再未在大同地区出土过，因此机车厂辽墓的时代也可划归第一期。南关辽墓M2的装饰布局方式虽然与晚期存在共同点，但下层墓壁的彩绘仍以门窗和人物为主，更接近本区早期辽墓壁画的特征，应属于早期向晚期的过渡形式。

2.壁画题材及布局特点

①家居生活场景：内容以男女侍从为主，多对称分布于甬道口、墓门或墓壁两侧。其中分布于某面墓壁之上的侍从，多以此面墓壁正中影作或彩绘的门为中线左右对称分布，取守门之意。[7]另有擎灯侍女、衣架、衣被等内容，展现的也是家居生活的场景。

②宴饮图：主要表现为准备宴席的场景，内容多为在房间内置桌，桌上布置有盘、碗等器具，侍从持物立于桌旁或围绕桌子活动。[8]

③妇人启门图：该题材在本区早期辽墓中仅见一例。[9]机车厂辽墓墓室东壁上也彩绘有一扇大门，虽然未见启门的女性形象，但保留了启门图中大门半启的状态。启门图在墓葬装饰中的意义，或许是暗示着在门之后还有建筑物，象征性地拓展了墓室的活动空间，使之与现实生活中的民居布局相一致[10]；也或许只是一种表现居家生活的艺术手法，为静止的建筑空间增添了动感。[11]

④牵马图：该题材在本区早期辽墓中仅见五法村一例。牵马人面向墓门站立，身着圆领窄袖衫，腰系带，头戴冠，脚穿靴，与晚期的出行图有接近之处。

[3] 大同市考古研究所：《山西大同机车厂辽代壁画墓》，《文物》2006年第10期。

[4] 王银田、解廷琦、周雪松：《山西大同市辽墓的发掘》，《考古》2007年第8期。

[5] 李树云：《大同辽代墓葬中的佛教因素》，《而立集——山西大学考古专业成立30周年纪念文集》，科学出版社，2009年。

[6] 王银田、解珽琦、周雪松：《山西大同市辽代军节度使许从赟夫妇壁画墓》，《考古》2005年第8期；大同市考古研究所：《山西大同新发现的四座唐墓》，《文物》2006年第4期。

[7] 王银田、解廷琦、周雪松：《山西大同辽代军节度使许从赟夫妇壁画墓》，《考古》2005年第8期；王银田、解廷琦、周雪松：《山西大同市辽墓的发掘》，《考古》2007年第8期。

[8] 王银田、解廷琦、周雪松：《山西大同市辽墓的发掘》，《考古》2007年第8期；大同市考古研究所：《山西大同机车厂辽代壁画墓》，《文物》2006年第10期。

[9] 王银田、解廷琦、周雪松：《山西大同市辽墓的发掘》，《考古》2007年第8期。

[10] 何京：《北京地区辽金墓葬壁画所反映的社会生活》，《北方民族考古》第1辑，科学出版社，2014年。

[11] 冯恩学：《辽墓启门图之探讨》，《北方文物》2005年第4期。

（二）第二期 道宗至辽末（1055—1125）

1. 墓葬形制及特点

本期辽墓以新添堡M29、卧虎湾M3、M5为代表。形制与早期并无太大差异。墓主死后实行火葬，骨灰装于棺或罐内放置在棺床之上。随葬品以瓷器为主，器类多为碗、碟、瓶、盆、罐等。本期墓室壁画仍以汉文化风格为主，但契丹文化因素明显增多，地域特色鲜明。这种变化不仅与设置西京的时间轨迹大致吻合，也缘于辽代中晚期本区汉人对契丹文化的认同与接纳[12]，最显著的特征便是壁画内容的"程式化"。[13]

本期壁画采取三层布局的方式，上层为天象图；中层为彩绘木结构建筑；下层除南壁壁画形式与早期相似外，其余各壁内容更加规律。北壁多绘花卉围屏、侍从侍立等家居生活场景，墓主人大多隐去不见；西壁主要表现"车马出行"与宴饮场面，变化较少；东壁内容较灵活，除散乐与宴饮题材外，诸如剪刀、衣架、衣服、动物等现实生活题材也时有出现；甬道口两侧一般绘侍从、门神。从墓葬形制、壁画题材与布局特点来看，新添堡M27、卧虎湾M1、M2、M6、十里铺村M27、M28、马家堡M1、东风里M1、西环路M1[14]等也应属于这一时期。

2. 壁画题材及布局特点

①车马出行图：该题材不见于第一期，多由驼车、马匹、人物构成，一般绘于墓室西壁。[15]驼车是契丹特有的出行工具，也是辽墓壁画中的常见题材。本区辽墓壁画中的驼车形制与契丹墓壁画所见基本相同，反映出这里的汉人已接受契丹人乘坐驼车出行的习俗。[16]

②家居生活场景：花卉、围屏、侍从等内容固定出现在墓室北壁之上，而衣架、服饰、熨斗、蒸笼、漆盒、錾子等表现生活场景的用具则安排在东壁之上，表达了墓主人希望在身后世界享受富足的家庭生活。[17]

③宴饮图：这是本区晚期辽墓中仅次于出行图的又一常见题材[18]，主要表现为侍从持饮食器具侍立或围绕长桌备宴，人数不固定，一般见于墓室西壁，且多与车马出行图相邻出现，部分墓葬中该题材在东壁上也有出现。

[12] 郑成燕：《辽代贵族丧葬制度研究》，南开大学2012届博士学位论文。

[13] 王银田：《大同辽代壁画墓刍议》，《北方文物》1994年第2期。

[14] 大同市考古研究所：《山西大同西环路辽金墓发掘简报》，《文物》2015年第12期。

[15] 山西省文物管理委员会：《山西大同郊区五座辽壁画墓》，《考古》1960年第10期；大同市文物陈列馆：《山西大同卧虎湾四座辽代壁画墓》，《考古》1963年第8期。

[16] 冯恩学：《辽墓反映的契丹人汉化与汉人契丹化》，《吉林大学社会科学学报》2011年第3期。

[17] 大同市文物陈列馆：《山西大同卧虎湾四座辽代壁画墓》，《考古》1963年第8期；山西省文物管理委员会：《山西大同郊区五座辽壁画墓》，《考古》1960年第10期；大同市考古研究所：《山西大同西环路辽金墓发掘简报》，《文物》2015年第12期。

[18] 大同市文物陈列馆：《山西大同卧虎湾四座辽代壁画墓》，《考古》1963年第8期；大同市考古研究所：《山西大同西环路辽金墓发掘简报》，《文物》2015年第12期；山西省文物管理委员会：《山西大同郊区五座辽壁画墓》，《考古》1960年第10期。

④散乐图：出现在墓室东壁上，画面布局紧凑，人物动作各异，均为男性，头戴黑色幞头。[19]直至金代，散乐与宴饮题材都是晋北，乃至晋中、晋东南地区墓壁装饰的重要题材，反映出当时人们理想的家庭模式和正统的道德观念。[20]

大同地区辽墓的壁画题材多表现内宅家居生活，契丹文化的影响十分有限。[21]辽朝廷对于这些伴随土地割让而来的汉人多施行"因俗而治"的政策，直接沿袭旧有中原州县编制。[22]加上"禁关南汉民弓矢""禁汉人捕猎"[23]政策的出台以及时局、心态等因素的影响，汉人多寄情于富足平静的庭院生活。这里民族融合相对较弱，对外来文化的吸收和借鉴显得谨慎且缓慢，仅在服饰、器物及出行方式上出现了契丹化[24]的迹象，与内蒙古、辽宁地区辽墓壁画热衷于纵马牧猎、场面宏大的出行归来图截然不同。

基于现有的考古材料，辽代壁画墓大致可以长城为界分成南北两个区域[25]，南区发现的壁画墓，分布在山西大同和河北北部地区，以汉人墓为主，时代多集中在辽代中晚期，早期墓葬数量较少；北区主要为今天的内蒙古、辽宁地区，以契丹人和汉人墓为主，时代从契丹建国前后延续至辽末金初。

相比而言，大同地区的辽墓形制较为单一，且规模不大。而北京、宣化、内蒙古、辽宁等地的辽代壁画墓，墓葬形制较大同地区而言更加丰富，且早、晚期变化也更为明显。

二、大同地区辽代壁画墓所体现的文化因素分析

大同地区辽代壁画墓在发展过程中，不同程度地受到了中原汉文化、契丹游牧文化以及佛教传播的影响，逐渐形成了本地独具特色的壁画风格。

（一）中原文化因素

本区虽归属辽地管辖，但作为汉人主要聚居地，汉文化的影响仍占据主导地位，中原汉墓中的许多传统做法都在这里得以延续。除墓葬形制外，壁画中的人物形象多具有典型的中原风格，宴饮、散乐、花鸟条屏、"妇人启门图"等也是中原地区常见的墓

[19] 山西省文物管理委员会：《山西大同郊区五座辽壁画墓》，《考古》1960年第10期；大同市考古研究所：《山西大同东风里辽代壁画墓发掘简报》，《文物》2013年第10期。

[20] 薛豫晓：《宋辽金元墓葬中"开芳宴"图像研究》，四川大学2006届硕士学位论文。

[21] 张慧中：《大同地区辽代壁画墓研究》，山西大学2015届硕士学位论文。

[22] 孙伟祥、张金花：《略论辽朝汉人契丹化问题》，《辽宁工程技术大学学报》（社会科学版）2015年第5期。

[23] （元）脱脱：《辽史》卷十九，中华书局，1974年。

[24] 冯恩学：《辽墓反映的契丹人汉化与汉人契丹化》，《吉林大学社会科学报》2011年第3期。

[25] 杨星宇：《辽墓壁画的分期研究》，内蒙古大学2009届硕士学位论文。

葬装饰题材。[26]本区晚期辽墓广泛选用中原地区"开芳宴"题材，却都不见墓主形象，乃本区特色。

（二）契丹文化因素

通常来说，服装和发式最能体现一个民族的文化特色。髡发是最具北方民族特色的发式，契丹人无论男女都有髡发习俗，在辽属境内，特别是契丹腹地的墓葬壁画中多有反映。而受中原"身体发肤，受之父母，不敢毁伤"观念的影响，壁画中鲜见汉人行髡发之举，故本区部分辽墓装饰图案中出现的髡发者应是迁徙至此的契丹人，而上身着圆领窄袖长袍或襦服、下身穿裤或褶裙的人物形象应为具有胡化倾向的汉人。[27]

此外，本区壁画中出现的牵马图、驼车出行图等，虽没有契丹贵族墓中发现的规模广、数量多，但也在一定程度上反映出游牧文化的生活方式对汉民族的影响。

（三）佛教文化因素

继魏晋南北朝之后，本区佛教的发展在辽金时期进入了又一次兴盛繁荣期，并在辽圣宗至道宗时趋于极盛，以致有了"辽以释废，金以儒亡"的说法[28]，华严寺、善化寺等佛教寺院的修建以及修缮云冈石窟就是在这一历史背景下完成的。除建筑外，佛教文化的兴盛在本区辽墓中也得到了充分体现，反映了佛教对世人丧葬观念的深远影响。

火葬一般多见于汉民族聚居地，主要为五京及佛教传播之处，包括一些高官在内的汉族佛教信徒和寺院僧侣是辽墓中实行火葬的主体人群。[29]作为北方佛教文化发展的重要区域，本区辽墓最常见的葬式就是火葬。而壁画中出现的莲花纹、金翅鸟、火焰宝珠[30]、人物手持经卷[31]等都是带有佛教色彩的装饰题材。火焰宝珠即摩尼宝珠，佛教壁画里常用此宝珠供奉佛。有时为了更高效地利用空间，避免壁画内容重复繁琐，还会将莲花图案绘制在单独的砖板、棺床或骨灰罐[32]上，暗示了西方极乐世界的指引。

佛教文化的影响同样反映在随葬品方面。在许从赟夫妇墓、机车厂及龙新花园辽墓中都出土有大型组合式彩绘塔型陶器，器

[26] 大同市考古研究所：《山西大同机车厂辽代壁画墓》，《文物》2006年第10期；王银田、解廷琦、周雪松：《山西大同辽墓的发掘》，《考古》2007年第8期。

[27] 大同市考古研究所：《山西大同机车厂辽代壁画墓》，《文物》2006年第10期；大同市考古研究所：《山西大同东风里辽代壁画墓发掘简报》，《文物》2013年第10期；韩心济：《辽墓壁画人物服饰探析》，《文物世界》2017年第1期；刘浦江：《说"汉人"——辽金时代民族融合的一个侧面》，《民族研究》1998年第6期。

[28] （明）宋濂等：《元史》卷一六三，中华书局，1976年。

[29] 郑承燕：《辽代贵族丧葬制度研究》，南开大学2012届博士学位论文。

[30] 大同市考古研究所：《山西大同东风里辽代壁画墓发掘简报》，《文物》2013年第10期。

[31] 大同市考古研究所：《山西大同西环路辽金墓发掘简报》，《文物》2015年第12期；大同市考古研究所：《山西大同东风里辽代壁画墓发掘简报》，《文物》2013年第10期。

[32] 山西省文物管理委员会：《山西大同郊区五座辽代壁画墓》，《考古》1960年第10期。

型以及器身上硕大的莲瓣、健壮的力士等装饰具有浓郁的佛教色彩，是佛教流传的直接反映。类似装饰也见于辽代佛塔之上[33]，而墓葬中书写于葬具或墓门处的真言及墓志等更是佛教在民间盛行的佐证。[34]值得一提的是，在新添堡M29中出土的石雕真容偶像，应是受到西天"荼毗葬礼"的影响。[35]这种做法既遵守了佛教仪轨，也不违背汉人全尸归土的传统观念，同时还迎合了契丹贵族追求全尸而葬的丧葬习俗，起到了坚守本民族特色和适应特殊时期社会需求的双重功效[36]，与北区契丹贵族墓葬中使用的金属网络有异曲同工之处。

墓葬是一个浓缩社会生活的特殊载体。在辽这个特定的时代背景下，政治制度、宗教信仰以及文化发展水平等都会或多或少地对一个地区的丧葬制度产生影响。换言之，这种多重因素共同作用所产生的影响力又在本区辽墓这个人们精心设计的空间中，通过葬式、随葬品以及墓葬装饰等方式展现出来，形成了大同辽墓特色鲜明的地域风格，是后世了解当时社会风貌和文化交融的有效途径之一。

[33] 李树云：《大同辽代墓葬中的佛教因素》，《而立集——山西大学考古专业成立30周年纪念文集》，科学出版社，2009年。

[34] 大同市文物陈列馆：《山西大同卧虎湾四座辽代壁画墓》，《考古》1963年第8期；山西省文物管理委员会：《山西大同郊区五座辽代壁画墓》，《考古》1960年第10期；霍杰娜：《辽墓中所见佛教因素》，《文物世界》2002年第3期。

[35] 颜诚：《辽代真容偶像葬俗刍议》，《文物春秋》2004年第3期。

[36] 郑承燕：《辽代贵族丧葬制度研究》，南开大学2012届博士学位论文。

辽代石质葬具研究

李影

北京辽金城垣博物馆

葬具即指盛装死者尸骨或骨灰的用具，主要包括棺、椁、棺床等。木棺早在仰韶文化时期就已出现，龙山文化时期出现椁，北朝时期墓葬中开始出现"棺床"。[1] 经过不断的发展与演变，葬具已成为历代丧葬制度的重要组成内容之一，亦是反映社会阶层等级划分的重要标志。辽代墓葬中的葬具主要有棺、椁、棺（尸）床，以及契丹贵族所特有的金属网络和金属面具。其中棺椁及棺（尸）床主要有土、木、砖、石四种材质，以木、砖材质应用最为广泛，石质葬具所占比重最小。对石质葬具进行类型划分，观察石质葬具使用情况，有助于我们进一步了解辽代墓葬制度。

一、石质葬具的类型

依据目前已发表的辽代墓葬材料，辽代石质葬具主要有石棺（尸）床、石房、石椁、石棺四种，每种石质葬具根据形制上的差异又可分为不同类型。

（一）石棺（尸）床

石棺（尸）床（以下称为石床）是由石料制成，或者床面由石板铺设。林栋在《试论辽代契丹墓葬的棺尸床》[2]《再论辽代墓葬的棺尸床》[3]两文中，对其形制进行了详细研究，按照其划分标准，可将石床分成以下三种类型：

A型　一体式。床与墓室壁相连，组成一个整体，床体占据主墓室后半部。床的平面形状由墓室形状所决定，多呈半圆形和梯形，根据床下有无垫柱，又可分为两个亚型。

Aa型　由石板直接铺设或平砌在墓室地面之上。以小哈达辽

[1] 王巍：《中国考古学大辞典》，上海辞书出版社，2014年，第23页。
[2] 林栋：《试论辽代契丹墓葬的棺尸床》，《北方民族考古》第二辑，科学出版社，2015年。
[3] 林栋：《再论辽代墓葬的棺尸床》，《东北史地》2016年第2期。
[4] 王刚：《内蒙古林西县小哈达辽墓》，《考古》2005年第7期。
[5] 黄鹤龄：《内蒙古扎鲁特旗哲北辽代墓葬群》，《北方文物》2002年第4期。
[6] 万雄飞：《朝阳市林四家子辽墓发掘简报》，《北方文物》2013年第2期。
[7] 孙国平、杜守昌、张丽丹：《辽宁朝阳孙家湾辽墓》，《文物》1996年第6期。
[8] 雁羽：《锦西西孤山辽萧孝忠墓清理简报》，《考古》1960年第2期。
[9] 邓宝学：《辽宁朝阳辽赵氏族墓》，《文物》1983年第9期。
[10] 刘志安：《巴林右旗昭胡都格辽墓》，中国古都学会2001年年会暨赤峰辽王朝故都历史文化研讨会，2001年7月。
[11] 齐晓光：《近年来阿鲁科尔沁旗辽代墓葬的重要发现》，《内蒙古文物考古》1997年第1期。
[12] 马洪路、孟庆忠：《法库叶茂台十九号辽墓发掘简报》，《沈阳考古发现六十年·报告卷》，辽海出版社，2008年，第405页。
[13] 义县文物保管所：《辽宁义县头台乡

墓[4]（图一，1）、哲北 M3[5]、林四家子 M2[6]、孙家湾辽墓[7]为代表，其中林四家子 M2 的石床比较特殊，为在基岩上直接凿成（图一，2）。

Ab 型　由石板铺设床面，床下有垫柱。以萧孝忠墓[8]为代表。

B 型　半独立式。床为石板铺设，仍位于墓室后半部，床后部与墓壁全部相连或部分相连，床两侧与墓壁保持一定距离，平面多呈长方形。目前仅见赵匡禹墓[9]一例（图一，3）。

C 型　独立式。床独立位于墓室之中，一般放置在主墓室中后部，平面多呈长方形，根据床有无床脚或基座，又可分为三个亚型。

Ca 型　由石板直接铺设或平砌在墓室地面之上。以昭胡都格辽墓[10]、耶律祺墓[11]、叶茂台 M19[12]为代表。其中叶茂台 M19 的尸床置于石棺之前，用于放置二次葬的尸骨。

Cb 型　由石板铺设床面，床面下有砖质或石质底座。以亮甲山 M1[13]、张扛村 M2[14]为代表。其中亮甲山 M1 为青砖垫台，张扛村 M2 棺床呈束腰形，并且在床面四周树立石围栏（图一，4）。

Cc 型　有石质床脚，床脚截面呈圆形。仅见龚祥墓[15]一例（图一，5）。

（二）石房

石房这类石质葬具是早期契丹贵族墓葬所特有的，目前学者普遍认为石房是早期契丹人模仿祖州石室而建。[16]目前发现有石房的墓葬有勤德家族墓地 M1、M2[17]，宝山辽墓 M1、M2[18]（图二），床金沟辽墓 M4[19]等。石房平面多呈正方形或长方形，通常位于主墓室正中或正中偏后的位置。其体积巨大，长在 3—4.5 米，宽在 3—5 米，高度达 2—4 米。整个石房由多块雕琢精细的石板拼接组装而成，前壁装有石门或木门。石房四壁通过浮雕或绘画手段作影作仿木结构。石房顶部均为平顶，通常在石房顶部四角竖石柱，用以支撑墓顶，如宝山辽墓 M1、M2，勤德家族墓地 M1 等。石房四壁与墓室壁之间通常架条形石（或木）过梁石。石房内、外壁通常装饰有壁画。

石房在墓葬中通常起主墓室的作用。但除了主墓室的作用外，这类石房通过与墓室四壁保持一定距离，来对墓室立壁以下的空

[14] 刘谦：《辽宁锦州张扛村辽墓发掘报告》，《考古》1984 年第 11 期。

[15] 尚晓波：《辽宁省朝阳市发现辽代龚祥墓》，《北方文物》1989 年第 4 期。

[16] 林栋：《再论辽代墓葬的棺尸床》，《东北史地》2016 年第 2 期。

[17] 齐晓光：《近年来阿鲁科尔沁旗辽代墓葬的重要发现》，《内蒙古文物考古》1997 年第 1 期。

[18] 内蒙古文物考古研究所、阿鲁科尔沁旗文物管理所：《内蒙古赤峰宝山辽壁画墓发掘简报》，《文物》1998 年第 1 期。

[19] 吉平：《内蒙古巴林右旗床金沟 4 号辽墓发掘简报》，《文物》2019 年第 9 期。

亮甲山辽墓清理简报》，《北方文物》2007 年第 3 期。

图一 石床

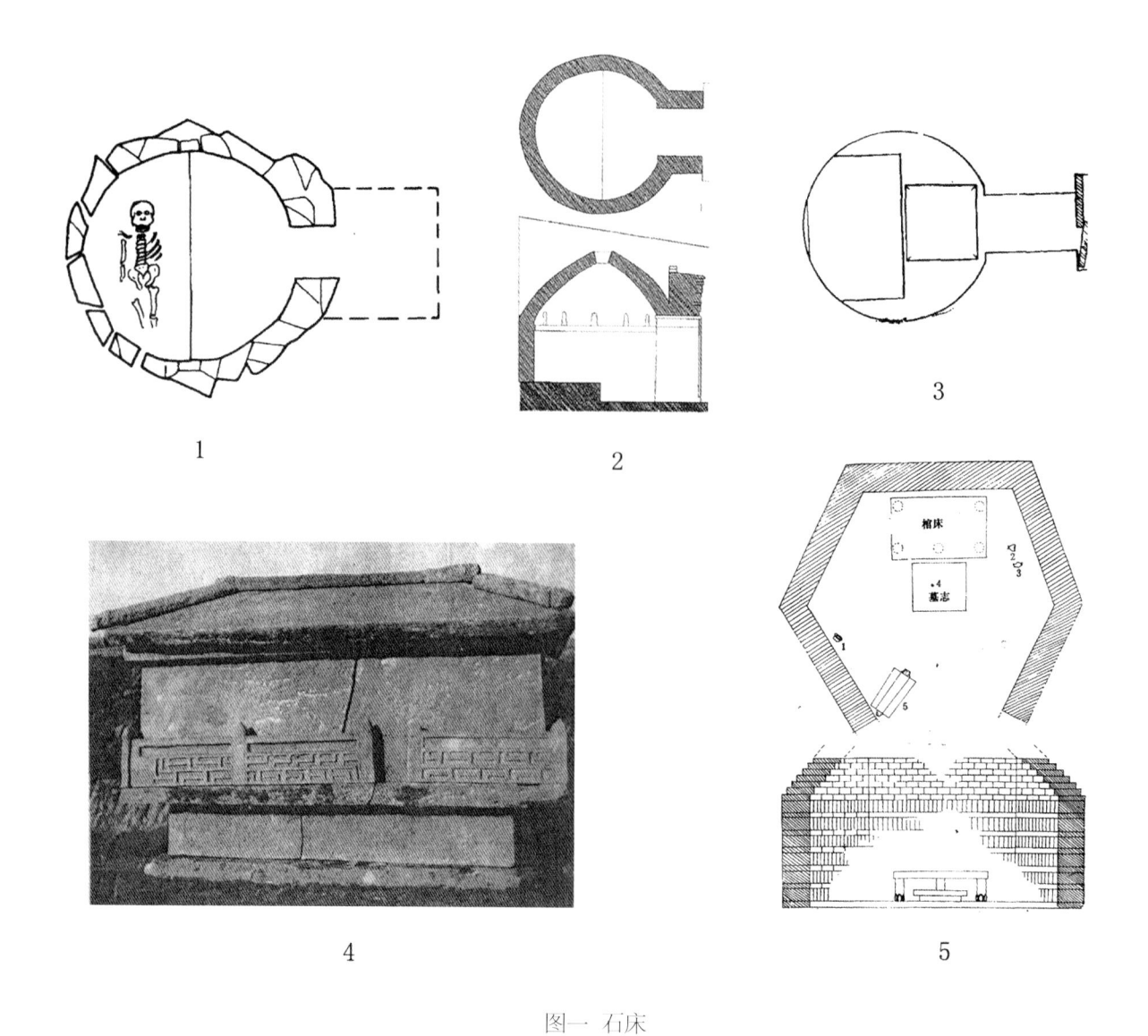

1、2. Aa 型（小哈达辽墓、林四家子 M2） 3. B 型（赵匡禹墓） 4. Cb 型（张扛村 M2） 5. Cc 型（龚祥墓）

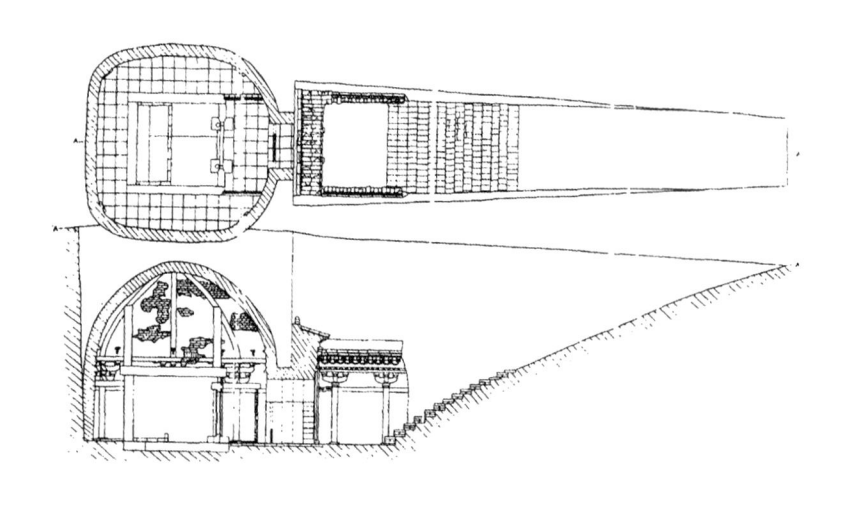

图二 石床（宝山辽墓 M1）

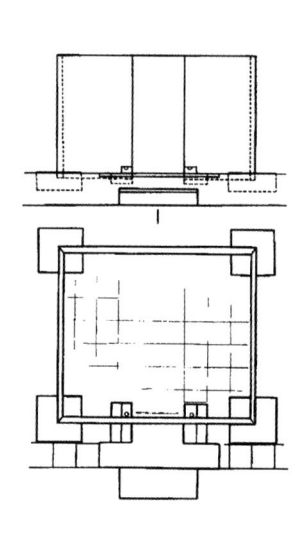

图三 A 型石椁（耿崇美墓）

间进行分割，使石房外围形成前室与侧室的格局，用以盛放不同类别的随葬器物。其中宝山辽墓M2与勤德家族墓地M2中的石房分别为紧贴墓室北壁和西壁，这使得石房周围的一部分回廊消失，并在石房正面两侧过梁之下增设木门，这样的布局使石房外围的格局（即前室和侧室）更为独立、具体、形象。此类石房内部通常配合精致的木质小帐等葬具使用，如勤德家族墓地M1、宝山辽墓M1、M2的石房内均发现了木质小帐。

（三）石椁

石椁在辽墓中发现的数量并不是很多，依据其造型特征分为以下两型：

A型 房型石椁。这类石椁造型与石房相似，由石板围成，留有木门，但体积远远小于石房，内壁通常装饰有壁画。见于耿崇美墓[20]（图三）。

B型 匣式石椁。此类石椁呈长方形盒状，通常由石板拼装而成，四壁装饰四神。目前仅见耿延毅夫妇墓一例。[21]

（四）石棺

石棺是辽代墓葬发现数量最多、使用最为广泛的石质葬具。多数石棺由棺身、棺盖两部分组成，平面呈长方形或梯形，形制与木棺类似，一般放置在主墓室的后半部。根据石棺盖的不同形态又可分为以下五型：

A型 庑殿顶。石棺均作仿当时的木建筑结构形式，五脊重楼单檐庑殿顶式，平面呈长方形，四面雕刻瓦垄，脊头上雕刻兽首或龙首，有瓦当、滴水。石棺壁上雕刻动物、人物、四神像等。根据石棺大小及制作组成方式又分为两个亚型：

Aa型 石棺由石板拼接而成。以张扛村M2[22]为代表（图一，4），石棺面阔近2米，棺盖为四块石板通过榫槽相交的方式组合而成。

Ab型 一体式。棺盖和棺身分别由整块石板雕凿而成，且石棺体积较小，面阔多不足1米。目前发现的有李贝堡辽墓[23]、孤家子辽墓[24]、广宜街M1[25]、朝阳重型机器厂M1[26]（图四，1）、辽宁轮胎附属厂M2、M3[27]（图四，2、3）等。

[20] 韩国祥：《辽宁朝阳市姑营子辽代耿氏家族3、4号墓发掘简报》，《考古》2011年第8期。

[21] 朝阳地区博物馆：《辽宁朝阳姑营子辽耿氏墓发掘报告》，《考古学集刊》第3期，第179页。

[22] 刘谦：《辽宁锦州市张扛村辽墓发掘报告》，《考古》1984年第11期。

[23] 沈阳市文物考古研究所编：《沈阳考古发现六十年·出土文物卷》，辽海出版社，2008年，第201页。

[24] 沈阳市文物考古研究所：《法库县孤家子辽墓发掘报告》，《沈阳考古发现六十年·报告卷》，辽海出版社，2008年，第135页。

[25] 沈阳市文物考古研究所：《沈阳广宜街辽代石棺墓发掘报告》，《沈阳考古发现六十年·报告卷》，辽海出版社，2008年，第166—180页。

[26] 朝阳市博物馆：《辽宁朝阳重型机器厂辽金墓》，《北方文物》2003年第4期。

[27] 朝阳市博物馆、龙城区博物馆：《辽宁轮胎附属厂古墓清理简报》，《边疆考古研究》第3辑，第326—337页。

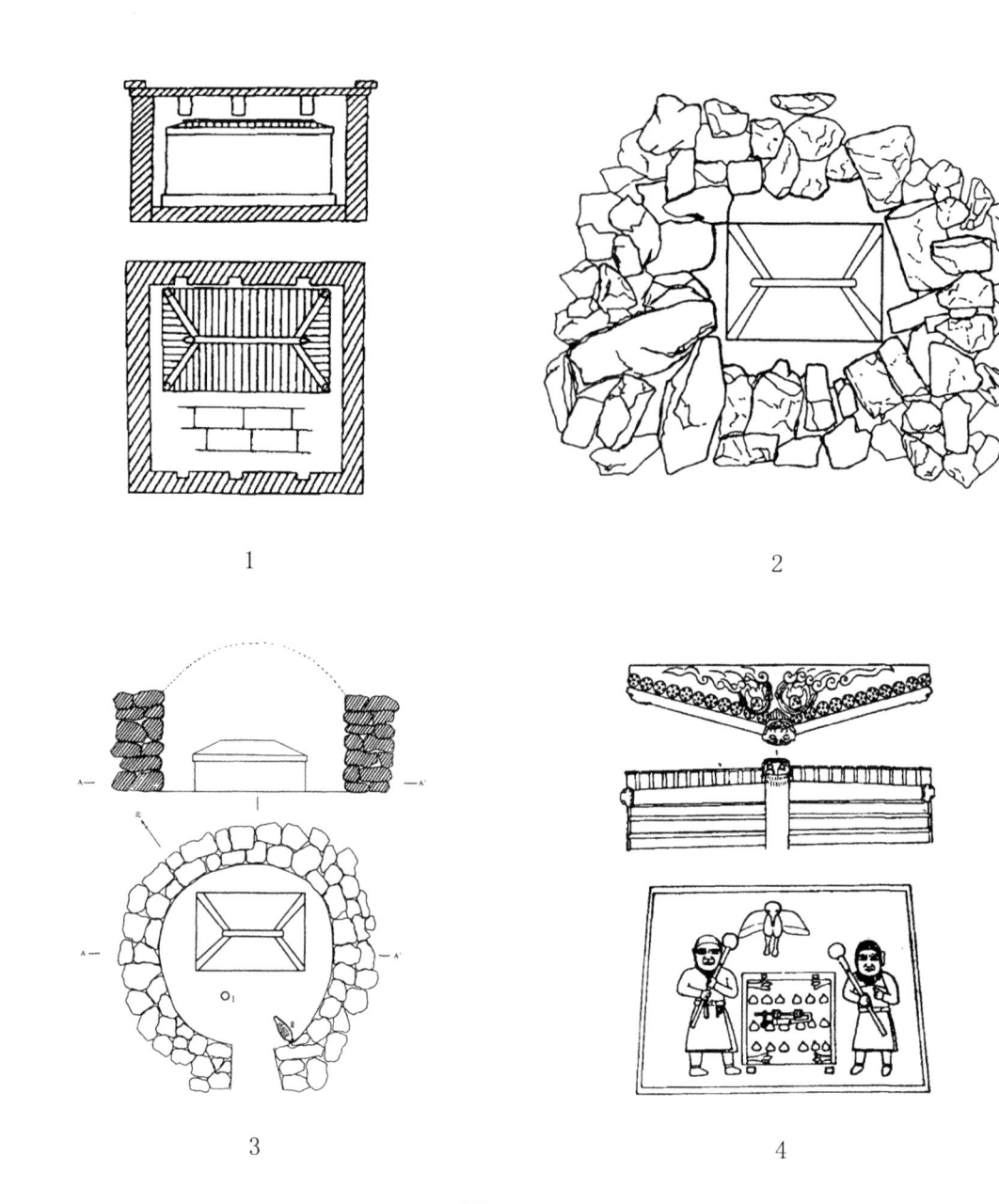

图四　A、B型石棺

1、2、3.Ab型（朝阳重型机器厂M1、辽宁轮胎附属厂M2、M3）　4.B型（前窗户村辽墓）

B型　悬山顶。此类石棺大小相差较大，大的长度达2米，小的长度则不足1米。根据石棺的形态差异，此类石棺又可分为以下两个亚型：

Ba型　无围栏。以前窗户村辽墓[28]为代表（图四，4）。其石棺由六块石板以榫衔接而成。棺盖用一块石板雕凿而成，脊头雕吻兽，前后两端有排山。石棺通体满饰浮雕花纹。此棺尺寸较大，长2.25米，宽1米。木头城子辽墓[29]的石棺则较小，长只有0.9米，宽0.54米，高0.27米。

Bb型　有围栏。以烂泥塘子辽墓[30]为代表。

C型　盝顶式。此类石棺发现数量最多，少量配有石质棺座，平面呈长方形，大小相差亦较大。根据石棺大小及制作组成方式又分为两个亚型：

[28] 靳枫毅：《辽宁朝阳前窗户村辽墓》，《文物》1983年第9期。

[29] 辽宁省文物考古研究所、朝阳县文物管理所：《辽宁朝阳木头城子辽代壁画墓》，《北方文物》1995年第2期。

[30] 傅宗德：《喀左烂泥塘子出土单脊雕刻石棺》，《博物馆研究》1997年第1期。

[31] 辽宁省博物馆文物工作队：《辽代耶律延宁墓发掘简报》，《北方文物》2004年第2期。

[32] 辽宁省博物馆、辽宁铁岭地区文物组：《法库叶茂台辽墓记略》，《文物》1975年第2期。

[33] 辽宁省博物馆文物工作队：《辽代耶律

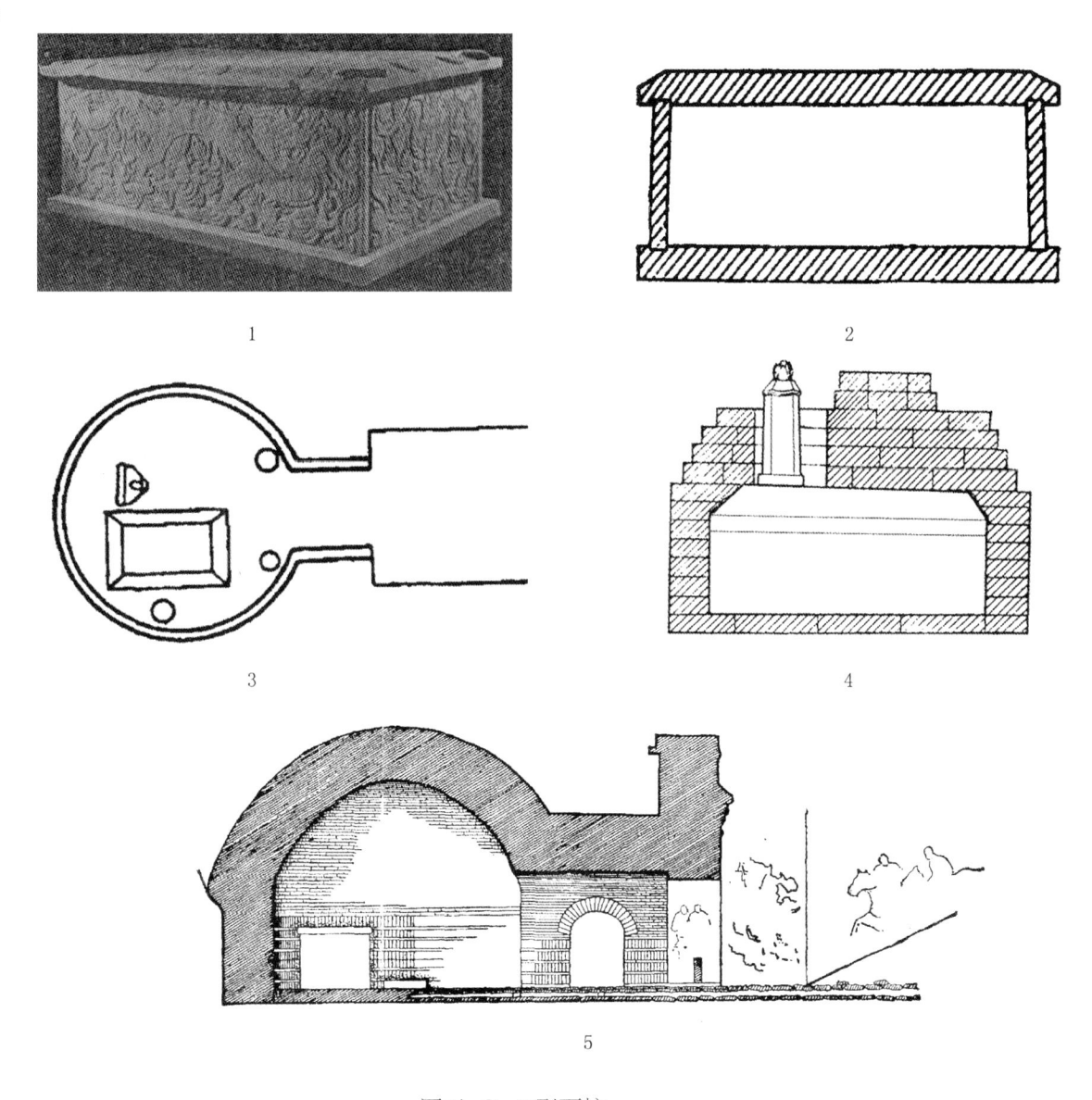

图五 C、D型石棺

1、2.Ca型（叶茂台M7、赵为干墓） 3、4.Cb型（卧虎湾M3、柳条湖辽墓） 5.D型（萧义墓）

延宁墓发掘简报》，《文物》1980年第7期。

[34] 邓宝学、孙国平、李宇峰：《辽宁朝阳辽赵氏族墓》，《文物》1983年第9期。

[35] 辽宁省文物考古研究所：《朝阳市林四家子辽墓发掘简报》，《北方文物》2013年第2期。

[36] 内蒙古文物考古研究所、赤峰市博物馆、巴林左旗博物馆：《白音罕山辽代韩氏家族墓地发掘报告》，《内蒙古文物考古》2002年第2期。

[37] 朝国祥：《朝阳西上台辽墓》，《文物》2000年第7期。

[38] 辽宁省文物考古研究所：《朝阳市林四

Ca型　石棺长度在1米以上，由六块石板拼装而成，大部分雕有四神、十二生肖、花卉、梵文等纹饰，也有的无纹饰，通体涂黑（林四家子M1）。目前发现的有召都巴辽墓[31]、叶茂台M7[32]（图五，1）、耶律延宁墓[33]、赵为干墓[34]（图五，2）、林四家子M1[35]、韩匡嗣墓[36]、朝阳西上台辽墓[37]等，其中韩匡嗣墓的石棺还有长条形石条砌成的长方框棺座。

Cb型　长度均在1米以下，石棺为一体式，通常被称为石函，用以盛装墓主人骨灰。目前发现的有林四家子M6[38]、卧虎湾M1、M2[39]、M3[40]（图五，3）、柳条湖辽墓[41]（图五，4）、广宜街M2、M3、M4、M5[42]。这些石棺的棺身、棺盖分别用两块整块石料砍凿而成，棺身呈长方形盒状，其中卧虎湾M1、M2还在棺底四边连刻棺座。柳条湖辽墓的石棺较为特殊，在棺盖南部以榫卯相接一小型石经幢。这类石棺装饰较少，以墨书梵文最为常见。这类型石棺应与佛教信仰关系密切的，而且甚至可能受到了舍利瘗埋制度的影响。

D型 平顶式。棺盖由一块或多块的平整石板组成。石棺平面呈长方形或梯形，多数由多块石板以榫卯相接而成，有的还以石灰勾缝。也有少部分石棺棺体为通体凿成。石棺通常为东西向放置在墓室中后部，也有一些为南北向放置于墓室中部或中部偏东位置。此类石棺大小不一，大的长度近3米，小的长度则只有0.6米。部分石棺四壁雕刻四神、花卉、生活图景等纹饰。目前能明确判断属于此类石棺的有二八地M1、M2[43]、水泉沟M1[44]、萧义墓[45]（图五，5）、柳木匠沟辽墓[46]、林四家子M8[47]、许从赟夫妇墓[48]、新添堡M29[49]、叶茂台M19[50]、辽宁轮胎附属厂M4[51]等。

E型 拱顶式。此类石棺整体形态与传统木棺形态相似，头大尾小，前高后低，棺盖呈拱形，目前仅见李进墓[52]、孙允中墓。

除以上形制的石棺外，一些石棺棺盖由于被盗或被破坏，或由于相关材料中对石棺棺盖形制的描述过于简略，同时缺失图照，尚难以对其进行类型分析，只能列举如下：

白音罕山韩氏家族墓地M1[53]、滴水壶辽墓[54]、敖瑞山辽墓[55]、上烧锅M3[56]、刘宇杰墓[57]、刘承嗣家族墓M5[58]、赵匡禹墓[59]、小喇嘛沟M1[60]、林四家子M3[61]、秦晋国大长公主墓[62]、辽宁轮胎附属厂M4[63]、北票扣卜营子一号墓[64]。

从上文中我们可以看出，不同类型的石质葬具并不是独立使用的，而可能一个墓中有两种或两种以上的石质葬具，如勤德家族墓地M1石房内置石棺，赵匡禹墓中石棺置于石床之上等。

二、石质葬具的装饰题材

目前已发现的辽代石质葬具中，装饰手法上主要采用浮雕、阴线雕刻、墨线白描勾勒、彩绘等几种手段，装饰题材的种类也较为简单，主要有以下几类：

家子辽墓发掘简报》，《北方文物》2013年第2期。

[39] 山西省文物管理委员会：《山西大同郊区五座辽壁画墓》，《考古》1960年第10期。

[40] 大同市文物陈列馆：《山西大同卧虎湾四座辽代壁画墓》，《考古》1963年第8期。

[41] 王菊耳：《沈阳柳条湖辽代石棺墓》，《沈阳考古发现六十年·报告卷》，辽海出版社，2008年，第430页。

[42] 沈阳市文物考古研究所：《沈阳广宜街辽代石棺墓发掘报告》，《沈阳考古发现六十年·报告卷》，辽海出版社，2008年，第166—180页。

[43] 项春松：《克什克腾旗二八地一、二号辽墓》，《内蒙古文物考古》1984年第3期。

[44] 辽宁省博物馆文物队：《辽宁北票水泉一号墓发掘简报》，《文物》1977年第12期。

[45] 温丽和：《辽宁法库县叶茂台辽萧义墓》，《考古》1989年第4期。

[46] 李庆发、李宇峰：《辽宁朝阳县柳木匠沟村辽墓》，《博物馆研究》1999年第2期。

[47] 辽宁省文物考古研究所：《朝阳市林四家子辽墓发掘简报》，《北方文物》2013年第2期。

[48] 王银田、解廷琦、周雪松：《山西大同市辽代军节度使许从赟夫妇壁画墓》，《考古》2007年第8期。

[49] 山西省文物管理委员会：《山西大同郊区五座辽壁画墓》，《考古》1960年第10期。

[50] 马洪路、孟庆忠：《法库叶茂台十九号辽墓发掘简报》，《沈阳考古发现六十年·报告卷》，辽海出版社，2008年，第405页。

[51] 朝阳市博物馆、龙城区博物馆：《辽宁轮胎附属厂古墓清理简报》，《边疆考古研究》第3辑，第326—337页。
[52] 《辽李进墓发掘报告》，《沈阳考古发现六十年·报告卷》，辽海出版社，2008年，第429页。
[53] 内蒙古文物考古研究所等：《白音罕山辽代韩氏家族墓地发掘报告》，《内蒙古文物考古》2002年第2期。
[54] 巴林左旗博物馆：《内蒙古巴林左旗滴水壶辽代壁画墓》，《考古》1999年第8期。
[55] 赤峰市博物馆考古队等：《赤峰市阿鲁科尔沁旗温多尔敖瑞山辽墓清理简报》，《文物》1993年第4期。
[56] 项春松：《上烧锅辽墓群》，《内蒙古文物考古》1982年第2期。
[57] 王成生：《辽宁朝阳市辽刘承嗣族墓》，《考古》1987年第2期。
[58] 同[57]。
[59] 邓宝学、孙国平、李宇峰：《辽宁朝阳赵氏族墓》，《文物》1983年第9期。
[60] 《凌源小喇嘛沟辽墓》，文物出版社，2015年，第7页。
[61] 辽宁省文物考古研究所：《朝阳市林四家子辽墓发掘简报》，《北方文物》2013年第2期。
[62] 郑绍宗：《契丹秦晋国大长公主墓志铭》，《考古》1962年第8期。
[63] 朝阳市博物馆、龙城区博物馆：《辽宁轮胎附属厂古墓清理简报》，《边疆考古研究》第3辑，第326—337页。
[64] 辽宁朝阳地区文物组：《北票扣卜营子辽墓发掘简报》，《文物资料丛刊2》，文物出版社，1978年，第129—134页。

（一）建筑影作

建筑影作多采用浮雕、彩绘、线刻等手段，在石房和庑殿顶石棺中最为常见，在其他类型的石棺中，多在正面雕刻出假门窗。

（二）装饰性图案

这类纹饰分布位置较为广泛，在棺床、石棺（或石椁）内外壁、棺盖等位置都可以看到，构图简单，其中棺床四周和棺盖四刹等地方多呈条带状分布。这类纹饰装饰意义更大，不具有具体指向意义。目前在辽代石质葬具中常见的有卷云纹、火焰纹、卍字纹、几何纹、缠枝（折枝）牡丹纹、宝相花、蔓草纹、水波浪花纹等。

（三）生活图景

这些装饰内容均装饰于石房、石椁、石棺的内外壁，内容与墓室壁画内容相似，多以墨线勾勒或阴线雕刻为主要方式，也有少数为工笔重彩。棺床上应用的装饰很少，多为素面或通体抹白灰。

1. 仆侍图。发现数量最多，一般装饰于南壁门两侧或棺、椁内壁。人物形象有男侍、女侍、男武士等。

2. 启门图。见于张扛村M2和叶茂台M7的石棺南壁。

3. 诵经图、寄锦图。这些内容引自民间传说，用以表达对冥世的相思与寄托。见于勤德家族墓地M1、M2，宝山辽墓M2的石房内壁。

4. 厅堂图。主要表现当时厅堂的布置情况。见于勤德家族墓地M1、M2，宝山辽墓M1的石房内壁。

5. 牵畜图。集中出现在石棺四壁装饰中，以牵马、牵骆驼的内容最为常见。见于二八地M1、柳木匠沟辽墓、小喇嘛沟M1等。

6. 山水花鸟。所见内容并不多，目前见到的有山水花鸟图、盆景图、牡丹图、花卉图、团凤、飞凤等。见于耿崇美墓、二八地M1、勤德家族墓地、宝山辽墓M1、韩匡嗣墓、秦晋国大长公主墓等。

7. 乐舞图。见于耿崇美墓、烂泥塘子辽墓、叶茂台M7、孙家湾辽墓的石棺棺壁及棺床壁之上。

8. 契丹生活图景，与以上的生活图景所反映的内容有所区别，它以反映契丹民族游牧、四时畋猎等风俗生活为主要内容，其最能体现契丹民族的特点和时代风格。在二八地M1、小喇嘛沟M1中石棺棺壁，分别以墨线勾勒和雕刻的形式，描绘了草原放牧、营盘、春猎、秋狩的骑马、放鹰、逐鹿、毡车等内容。

（四）神话故事

这类图均取材于神话故事，表现墓主人祈求羽化升仙，进入极乐。除了常见的飞仙、云鹤图外，还有降真图、高逸图等。见于勤德家族墓地、宝山辽墓M1、前窗户村辽墓等。

（五）神兽、瑞兽

辽墓中这类题材的壁画内容，是受到汉文化影响之后产生的。在石质葬具中常见的有以下几种：

1. 四神图。在辽代石质葬具装饰中最为常用的题材，应用广泛，沿用时间长。通常装饰于石床、石椁、石棺的四壁。见于龚祥墓、耿延毅夫妇墓、孤家子辽墓、烂泥塘子辽墓、叶茂台M7等。

2. 十二生肖像。在辽代墓葬中十二生肖题材装饰通常见于墓顶壁画和墓志盖四刹等位置。在辽代石质葬具中仅见装饰于石棺盖四周，如叶茂台M7、林四家子M6。

3. 瑞兽纹。在辽代石质葬具中出现的不多，在整体画面中不占中心位置，多装饰在棺盖四角、棺床束腰四壁等位置，以麒麟和狮子最为常见。见于张扛村M2、叶茂台M7。

（六）铭文、题记

这类题材以为墨书形式最为多见，亦有少量为阴刻形式，一般装饰在棺（或椁）壁壁画和石棺棺盖上。内容主要有题记、诗词、榜题、梵文等。见于勤德家族墓地、卧虎湾M1、M2、M3、李进墓、朝阳西上台辽墓等。

[65] 刘未：《辽代契丹墓葬研究》，《考古学报》2009年第4期。

[66] （元）脱脱：《辽史·食货志》卷五九。

[67] 项春松：《克什克腾旗二八地一、二号辽墓》，《内蒙古文物考古》1984年第3期。

[68] 刘未：《辽代契丹墓葬研究》，《考古学报》2009年第4期。

三、分期特点

葬具是墓葬制度的重要组成部分，和墓葬形制、随葬品等一样具有等级性和时代差异。辽代石质葬具作为葬具的一个品类，深受木质、砖土葬具的影响。现结合辽墓的分期及特点，将辽代石质葬具进行如下分期：

（一）约太祖至景宗时期

这一时期是辽代丧葬制度的初创时期，辽墓中使用的石质葬具非常少，多出现在中级官吏和一般贵族及以上阶层墓中。这一时期棺（尸）床中以砖土床为主，石床发现的非常少，仅有孙家湾辽墓和张扛村M2两例。墓主人尸骨则以直接陈于棺床之上或用木棺装殓为主要形式，石棺所占比重极小，主要有庑殿顶、盝顶、平顶式三种。在这一时期的前段出现了石房，且集中出现在高等级贵族及以上阶层的契丹人墓中，后期石房逐渐消失，并被木质小帐与棺床的组合所取代。

这一时期在石质葬具的装饰题材与风格上呈现出两个特点：一是直接取自汉地图画粉本，或者受汉地图画的直接影响。如张扛村M2和叶茂台M7的启门图，二八地M1中的盆景图，勤德家族墓地、宝山辽墓中石房装饰的厅堂图、高逸图、降真图、寄锦图、颂经图等有着晚唐五代的风格，都应是取自汉地图画粉本。[65] 二是这一时期石质葬具的装饰题材具有浓郁的契丹民族特色。张扛村M2石床四壁的动物画像反映了"契丹旧俗，其富以马"的畜牧经济。[66] 二八地M1石棺绘制的契丹族草原放牧、住地生活小景、备马图等，更是直接描绘出了契丹民族的生活图景。[67]

这一时期正值辽建国初年，最初其墓葬制度多借汉地传统，模仿唐制，后随着政治战略上的转变开始不断进行创新，逐渐减少了对汉地文化内容的直接借用，力求在墓葬形制、葬具、装饰题材、随葬品等诸多方面体现其自身特点。结合这一时期的墓葬形制、随葬品种类等内容，可以看出在这一时期契丹高级贵族墓已初步建立了其墓葬制度。[68] 表现在石质葬具上的主要有：这一时期前段石房的出现，后逐渐由木质小帐与棺床的组合所替代。并且石房或木质小帐与棺床的组合在这一时期成为契丹高等级贵族墓中较为固定的制式；装饰内容上则以着重表现契丹民族特点的游牧、四时畋猎等内容为主。

（二）圣宗和兴宗时期

这一时期为辽代墓葬制度的发展期，石质葬具使用得较为普遍，使用阶层亦较为广泛，其中辽宁地区是石质葬具使用最为集中的地区。这一时期的石床是三个时期中发现数量最多的，一体式、半独立式、独立式均有，都无装饰，墓主人多为中小贵族阶层。石椁仅有耿延毅夫妇墓一例。石棺在这一时期普遍流行，形式多样，有庑殿顶、悬山顶、盝顶、拱顶式等。在契丹高等级贵族墓中开始流行木质小帐与石棺组合使用的形式，如叶茂台M7、耶律延宁墓等。另外部分汉人大贵族（如韩匡嗣）也应用契丹贵族的葬制。

这一时期对石质葬具的装饰多集中在石棺上，装饰题材也是三个时期最为丰富的。棺盖上通常刻龙凤、莲花、十二生肖等内容，脊上雕脊兽，棺壁上雕刻四神、假门窗、侍者、奏乐等内容，少量棺壁上刻有春猎、秋狩等内容。这一时期随着政局的稳定，不同族属、不同等级间的墓葬开始逐渐趋同。

（三）道宗至天祚帝时期

这一时期石床数量大幅度减少，仅见萧孝忠墓、耶律祺墓、龚祥墓。石棺仍为这一时期石质葬具的主要类型，有庑殿顶、悬山顶、盝顶、平顶式等。这一时期的石棺体积较小，多作石函状，做工亦比较粗糙，素面居多。前一时期契丹贵族墓葬中流行的木质小帐与石棺组合的殓葬方式消失不见。

这一时期对石质葬具的装饰减少，装饰题材较为单一、简单，多在棺盖上刻划简单的花草、几何图案，墨书或阴刻梵文。

此外，这一时期辽代受到佛教文化的影响加深，在石质葬具上表现为以盛装骨灰的小型石棺为主流，在柳条湖辽墓、朝阳西上台辽墓中还伴有石经幢、石经板等出土，装饰内容上也是以与佛教有关的纹样、梵文刻经等为主。

[69] 林栋：《再论辽代墓葬的棺尸床》，《东北史地》2016 年第 2 期。

结语

石房是辽代早期最具民族特色的石质葬具，多集中出土于辽建国初期的高等级贵族墓中，地域上集中出现在属于辽腹地的内蒙古赤峰地区。据目前的辽墓材料看，床金沟 M4 的石房时代最晚，大约为太宗晚期，之后石房基本消失不见，这应是受到木质小帐发展的冲击。

石床早、中、晚期均有发现，以中期数量最多，样式也最为丰富，晚期仅见极少量独立式石床。石床在使用范围上，集中发现于内蒙古、辽宁地区的契丹人墓葬中，其中以辽宁朝阳地区最为集中。汉人墓葬中使用石床的仅有辽宁地区的孙家湾 M1、赵匡禹墓、龚祥墓。石床的使用范围比较有限，仅见介于高级贵族与普通平民之间的中小贵族墓中。石床的形制上与各时期的木、砖、土床相似，有人认为辽代墓葬中石床的使用是对之前石房文化传统的延续与迁移。[69]

石棺是辽代石质葬具中使用时间最长、使用范围最广的葬具。在内蒙古、辽宁、山西、河北等地均有发现，其中以辽西地区最为集中。庑殿顶式和悬山顶式的石棺集中发现于辽宁地区的中型契丹贵族墓中，应是对早期内蒙古地区高级贵族墓的木质小帐文化的迁移和延续。盝顶式和平顶式石棺发现数量最多，在高等级贵族、中小型贵族中均有使用，其中又以汉人墓葬居多。石棺在中晚期的发展受到了佛教的影响较大，特别是在汉人中有大量虔诚的佛教徒，这进而促使用于盛装骨灰的石棺在中晚期大量出现。

通过对辽代石质葬具类型、装饰题材等内容的梳理，可以看出石质葬具同样具有等级性和时代差异。辽代石质葬具无论是形制变化，还是装饰题材，均受到了同时期砖、木质葬具的影响。辽代石质葬具在汲取了唐五代因素的基础上，也发展出了具有其时代特色、民族风格的新内容，如石房、木质小帐与石床组合、特色民族风格装饰内容等，为辽代墓葬制度增添了新的活力。

再论辽代砖室墓的形制

林栋

四川大学考古系

砖室墓是辽代墓葬中数量最多、级别最高、结构最复杂且最富于变化的一类墓葬，文化内涵十分丰富，是辽代考古研究的重要对象，历来受到学界的关注。王秋华[1]、杨晶[2]、冯恩学[3]、董新林[4]、刘未[5]、郑承燕[6]等学者，先后对辽代砖室墓的类型、演变、分期及分区等方面进行了细致的分析，将辽代砖室墓的研究不断推向深入。最近两年来，随着内蒙古小王力沟[7]和辽宁康平张家窑林场[8]等重要契丹贵族墓群的新发现，进一步丰富了辽代大型砖室墓的资料，为墓葬形制等方面的研究提供了新的线索。以辽代墓葬形制为视角的考古类型学研究，是开展辽墓其他方面综合性研究的基础，本文拟根据前人研究成果，结合近年来发现的新资料，对辽代砖室墓的形制及相关等问题提出一些新的认识。

一、类、型、式划分

以往研究表明，砖室墓中正室[9]数量的多少，与墓主人身份等级的高低有直接的关系[10]。在正室数量相同的情况下，侧室（耳室）数量的不同，也能够反映出墓主人等级的差别。本文首先根据正室和耳室数量对墓葬进行类、型的划分，再根据墓室平面形状及甬道长度的变化等进行式（早晚）的排列。

（一）甲类（三正室）

墓葬中轴线方向上有前、中、后三个正室。根据耳室数量等差别可分为三型。

A型：带6个耳室，前、中、后室各带两耳室，1例，赵德钧墓[11]（图一，1）。

[1] 王秋华：《辽代墓葬分区与分期初探》，《辽宁大学学报》1982年第3期。
[2] 杨晶：《辽墓初探》，《北方文物》1985年第4期。
[3] 冯恩学：《辽墓初探》，吉林大学1995年博士学位论文。
[4] 董新林：《辽代墓葬形制与分期略论》，《考古》2004年第8期。
[4] 刘未：《辽代墓葬的考古学研究》，科学出版社，2016年。
[6] 郑承燕：《辽代贵族墓葬制度研究》，文物出版社，2014年。
[7] 内蒙古文物考古研究所等：《内蒙古多伦县小王力沟辽代墓葬》，《考古》2016年第10期。
[8] 沈阳市文物考古研究所内部资料，待刊。
[9] 正室指位于墓葬中轴线上的墓室，主要分为前、中、后室。
[10] 宿白：《西安地区的唐墓形制》，《文物》1995年第12期。
[11] 北京市文物工作队：《北京南郊辽赵德钧墓》，《考古》1962年第5期。

[12] 刘未：《辽代墓葬的考古学研究》，科学出版社，2016年。
[13] 同［12］。
[14] 同［12］。
[15] 中国社会科学院考古研究所内蒙古第二工作队：《内蒙古巴林左旗辽祖陵一号陪葬墓》，《考古》2016年第10期。
[16] 内蒙古文物考古研究所等：《白音罕山辽代韩氏家族墓地发掘报告》，《内蒙古文物考古》2002年第2期。
[17] 郑绍宗：《赤峰县大营子辽墓发掘报告》，《考古学报》1956年第3期。
[18] 此类墓葬的前室有些报告中成为甬道，本文统一称前室。
[19] 内蒙古文物考古研究所等：《辽耶律羽之墓发掘简报》，《文物》1996年第1期。
[20] 内蒙古自治区文物考古研究所等：《辽陈国公主墓》，文物出版社，1993年。
[21] 郑绍宗：《契丹秦晋国大长公主墓志铭》，《考古》1962年第8期。
[22] 内蒙古文物考古研究所等：《白音罕山辽代韩氏家族墓地发掘报告》，《内蒙古文物考古》2002年第2期。
[23] 许志国、魏春光：《法库叶茂台第22号辽墓清理简报》，《北方文物》2002年第1期。
[24] 内蒙古文物工作队：《内蒙古哲里木盟奈林稿辽代壁画墓》，《考古学集刊》（1），中国社会科学出版社，1981年。

B型：带4个耳室，中室和后室各带两个耳室，分两式。

Ⅰ式：1例，庆东陵[12]为代表（图一，2）。

Ⅱ式：2例，庆中陵[13]（图一，3）和西陵[14]。

变化趋势：除前室外，各正室和耳室从圆形变为八角形。

C型：带两个耳室，分两个亚型。

Ca型：中室两侧带耳室，前室狭长，与中室之间没有明显的过渡，分两式。

Ⅰ式：1例，以祖陵一号陪葬墓[15]为代表（图一，4）。

Ⅱ式：1例，以韩匡嗣墓[16]为代表（图一，5）。

变化趋势：中、后室和耳室由方形变为圆形。

Cb型：前室两侧带两个耳室，前室近正方形，形状明显，后室面积较小，高度明显降低，呈"龛室"状。1例，以驸马墓[17]（图一，6）为代表。

由以上甲类墓葬的特征可以看出，甲类各墓葬除前室外，中、后室与耳室的形状是完全一致的，在中后期阶段墓室平面形状逐渐由方形向圆形和八角形转变的过程中，各墓室的形变是十分统一的，即只要一个墓室变化其余墓室全部随之变化，不存在多个形状的墓室相互组合的情况。而且级别越高的墓葬，耳室数量越多，正室与耳室间甬道的长度亦较长。笔者认为上述现象并非偶然，而是体现出了辽代墓葬变化的制度性和规律性，这就为接下来其他墓葬的类型划分提供了依据。另外A型和Ca型墓都有耳室连线与中轴线不垂直的现象，且都是左耳室向北、右耳室向南倾斜。

（二）乙类（两正室两耳室）

乙类具有两个正室和两个耳室，根据主室与耳室形状是否一致，以及前室的形制特征可划分为两型。

A型：前室呈长方形，进深较长[18]，分两个亚型。

Aa型：总体规模相对较大，前室较宽敞，主室与耳室的形状变化始终保持一致。分四式。

Ⅰ式：1例，以耶律羽之墓[19]为代表（图二，1）。

Ⅱ式：5例，以陈国公主墓[20]为代表（图二，2），另外包括大长公主墓[21]、白音长汗韩氏M2[22]、叶茂台M22[23]和奈林稿墓[24]。

Ⅲ式：1例，以萧合墓[25]为代表（图二，3），主室及两耳室全部为八角形。

Ⅳ式：2例，以萧义墓[26]为代表（图二，4），另外包括鸽子洞墓[27]。

变化趋势：主室及耳室由方形变为圆形，再到八角形，晚期甬道及前室的长度缩短，多角形墓耳室逐渐与主室相连，整体结构更加紧凑。

Ab型：总体规模略小于Aa型，前室较为狭长。晚期主室与耳室均为多角形，但形状略有差别（主室八角形、耳室六角形）。分三式。

Ⅰ式：4例，代钦塔拉M3[28]和库伦M3[29]、M4[30]和张家窑林场长白山墓群Ⅰ区M3[31]（以下简称张长ⅠM3，该墓群其他墓葬同理）。

Ⅱ式：4例，关山M5[32]、库伦M1[33]、耶律宗教墓[34]和耶律氏墓[35]。主室为八角形，但耳室为六角形。

Ⅲ式：1例，关山M9[36]。

总体变化趋势同Aa型。

B型：前室呈正方形，形状规整，进深较短，与后室之间有明显的过渡，主室与耳室间的甬道较短。Ⅰ式主室和耳室均为方形，从Ⅱ式开始主室与耳室的变化不同步，主室与耳室形状差别较大。分四式。

Ⅰ式：6例，以关山M7[37]为代表（图三，1），另外包括叶茂台M7[38]、浩特花M1[39]、骆驼岭墓[40]、李贝堡99M1[41]和梯子庙M3[42]。

Ⅱ式：5例，以耶律延宁墓[43]为代表（图三，2），另外包括床金沟M5[44]、平原公主墓[45]、奈林镐墓[46]和白音长汗韩氏M1[47]。

Ⅲ式：3例，以萧仅墓[48]为代表（图三，3），另外包括叶茂台M23[49]。

Ⅳ式：3例，以萧袍鲁墓[50]为代表（图三，4），另外包括萧堂墓[51]和耶律宗政墓[52]。

主室的变化与A型相同，由方形变为圆形，再到八角形。耳室的变化与主室不同步，形状以方形居多，另有圆形、椭圆形和六角形等，方形耳室从早至晚始终存在，圆形耳室主要在辽中期，而六角形耳室则主要流行于辽晚期。甬道逐渐缩短，结构更加紧

[25] 辽宁省文物考古研究所：《关山辽墓》，文物出版社，2011年。

[26] 温丽和：《辽宁法库县叶茂台村辽萧义墓》，《考古》1989年第4期。

[27] 内蒙古文物考古研究所：《宁城县鸽子洞辽代壁画墓》，《内蒙古文物考古文集》第2辑，中国大百科全书出版社，1997年。

[28] 兴安盟文物工作站：《科左中期代钦塔拉辽墓清理简报》，《内蒙古文物考古文集》第2辑，中国大百科全书出版社，1997年。

[29] 王健群、陈相伟：《库伦辽代壁画墓》，文物出版社，1989年9月。

[30] 同[29]。

[31] 沈阳市文物考古研究所内部资料。

[32] 辽宁省文物考古研究所：《关山辽墓》，文物出版社，2011年。

[33] 吉林省博物馆等：《吉林哲里木盟旗库伦旗一号辽墓发掘简报》，《文物》1973年第8期。

[34] 鲁宝林等：《北镇辽耶律宗教墓》，《辽海文物学刊》1993年2期。

[35] 昭乌达盟文物工作站等：《内蒙古山嘴子"故耶律氏"墓发掘报告》，《文物资料丛刊》1981年第5期。

[36] 辽宁省文物考古研究所：《关山辽墓》，文物出版社，2011年。

[37] 同[36]。

[38] 辽宁省博物馆等：《法库叶茂台村辽墓纪略》，《文物》1975年第12期。

[39] 中国社会科学院考古研究所内蒙工作队等：《内蒙古扎鲁特旗浩特花辽代壁画墓》，《考古》2003年第1期。

[40] 段一平：《吉林双辽骆驼岭辽墓清理简报》，《考古与文物》1983年第6期。

[41] 林茂雨、佟俊岩：《法库李贝堡辽墓》，《北方文物》2001年第3期。

[42] 辽宁省文物考古研究所等：《辽阜

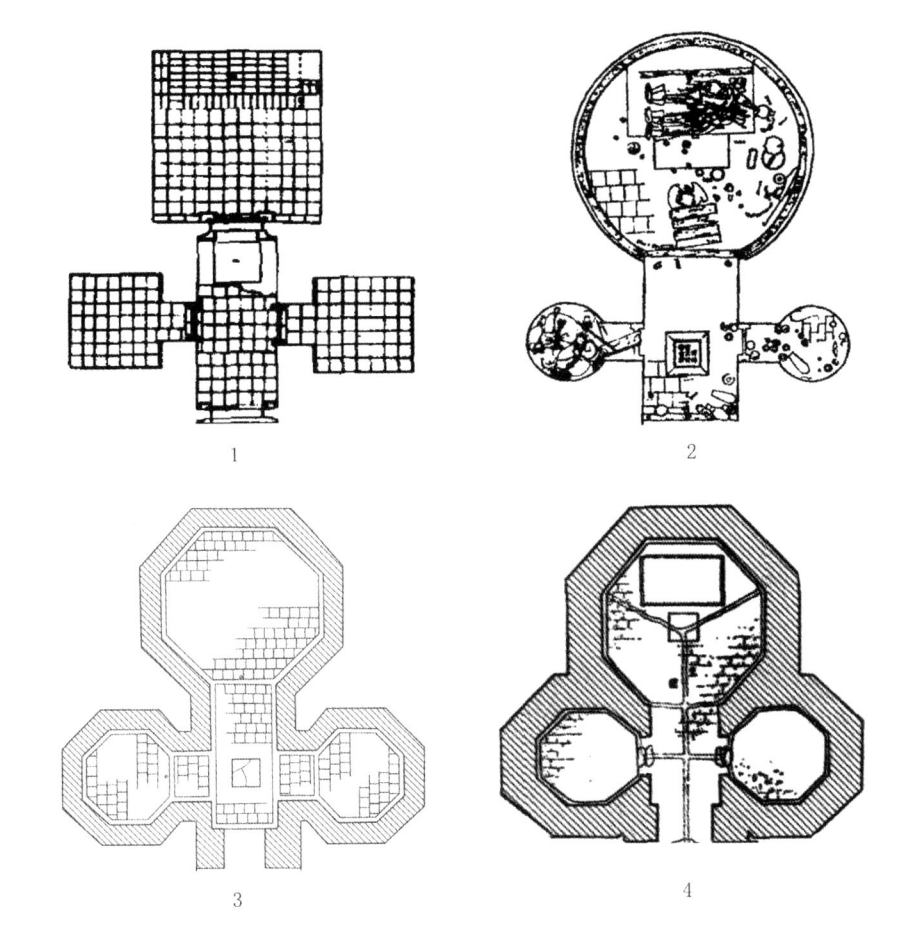

图二 乙类Aa型

1.Ⅰ式（耶律羽之墓） 2.Ⅱ式（陈国公主墓） 3.Ⅲ式（萧合墓） 4.Ⅳ式（萧义墓）

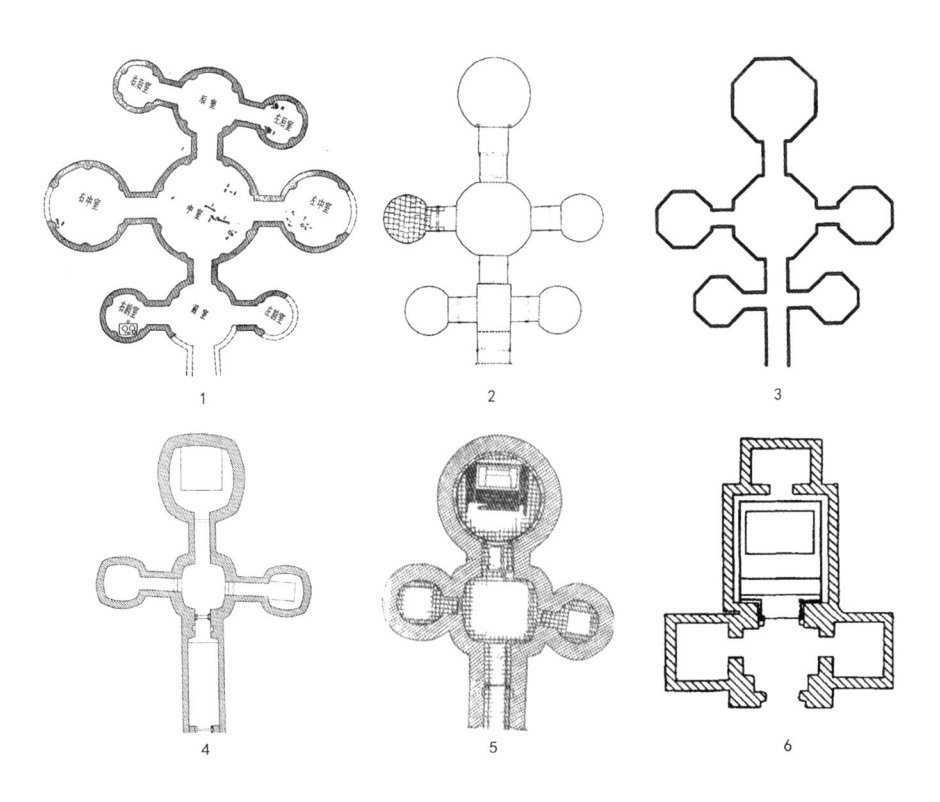

图一 甲类

1.A型（赵德钧墓） 2、3.B型Ⅰ、Ⅱ式（庆东陵、庆中陵） 4、5.Ca型Ⅰ、Ⅱ式（祖陵一号陪葬陵、韩匡嗣墓） 6.Cb型（驸马墓）

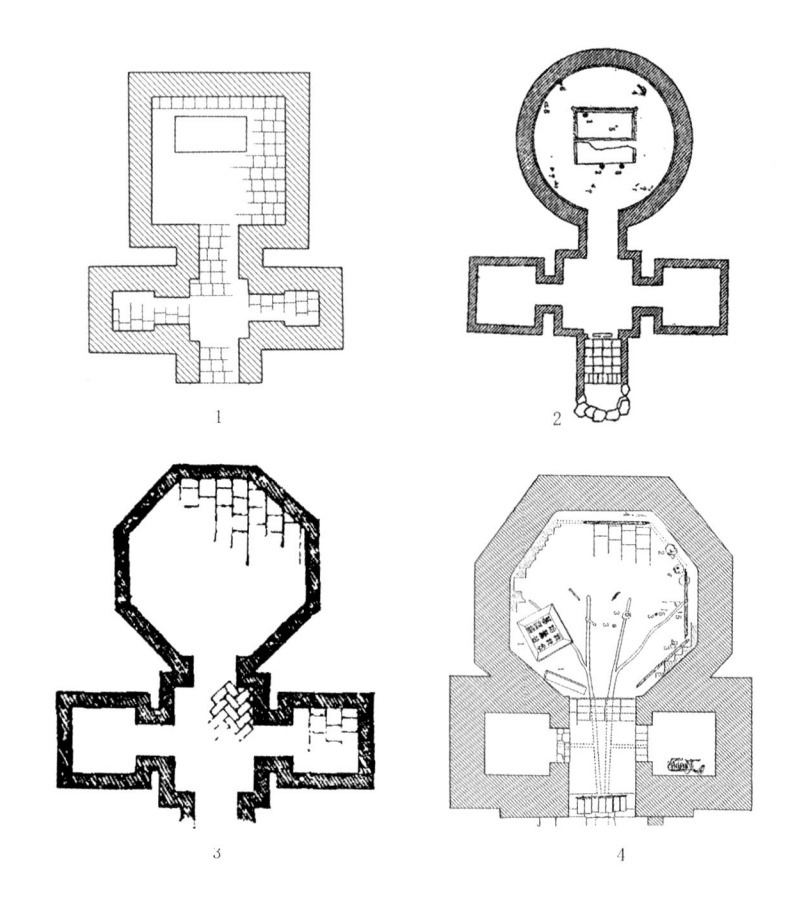

图三 乙类B型

1.Ⅰ式（关山 M7） 2.Ⅱ式（耶律延宁墓） 3.Ⅲ式（萧仪墓） 4.Ⅳ式（萧袍鲁墓）

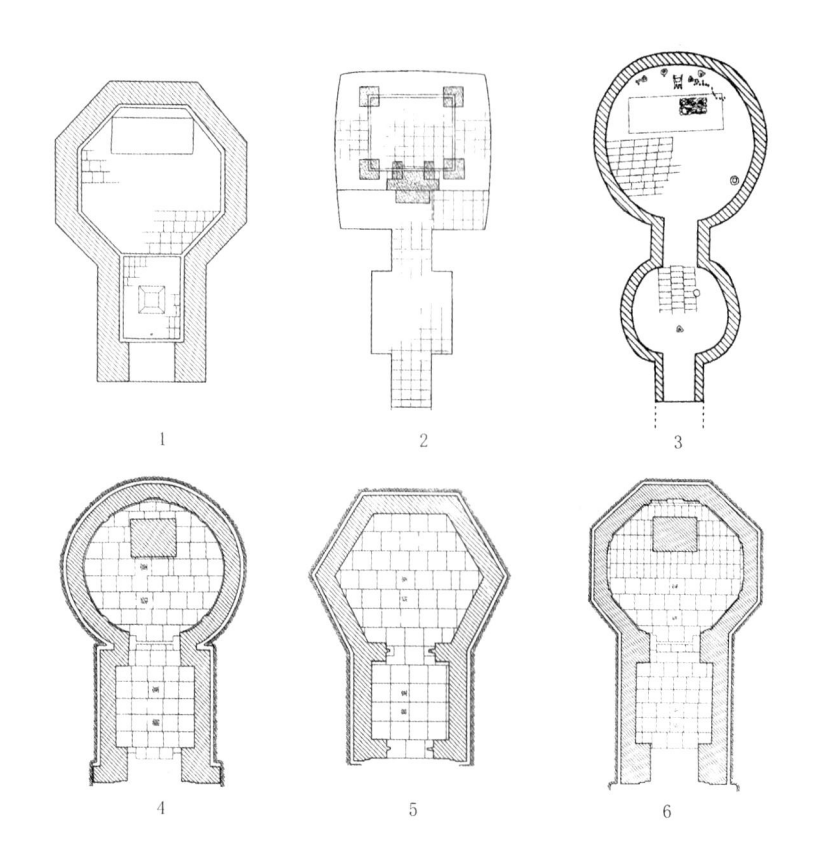

图四 丙类墓葬

1.A型（关山 M3） 2.Ba型（耿崇美墓） 3.Bb型（白家窝铺墓） 4.Bc型（张匡正墓） 5.Bd型（张世古墓） 6.Be型（宣化 M5）

[43] 辽宁省博物馆文物工作队：《辽代耶律延宁墓发掘简报》，《文物》1980年第7期。

[44] 内蒙古文物考古研究所：《巴林右旗床金沟5号辽墓发掘简报》，《文物》2002年第3期。

[45] 辽宁省文物考古研究所等：《辽宁阜新县辽代平原公主墓与梯子庙4号墓》，《考古》2011年第8期。

[46] 内蒙古文物工作队：《内蒙古哲里木盟奈林稿辽代壁画墓》，《考古学集刊》（1），中国社会科学出版社，1981年。

[47] 内蒙古文物考古研究所等：《白音罕山辽代韩氏家族墓地发掘报告》，《内蒙古文物考古》2002年第2期。

[48] 李宇峰等：《辽宁阜新辽萧仅墓》，《北方文物》1988年第2期。

[49] 辽宁省文物考古研究所等：《辽宁法库县叶茂台23号辽墓发掘简报》，《考古》2010年第1期。

[50] 冯永谦：《辽宁法库前山辽萧袍鲁墓》，《考古》1983年第7期。

[51] 内蒙古文物考古研究所等：《宁城县埋王沟辽代墓地发掘简报》，《内蒙古文物考古文集》，中国大百科全书出版社，1997年。

[52] 鲁宝林等：《北镇辽耶律宗教墓》，《辽海文物学刊》1993年第2期。

[53] 辽宁省文物考古研究所：《关山辽墓》，文物出版社，2011年。

[54] 同[53]。

[55] 同[53]。

[56] 同[53]。

[57] 内蒙古文物考古研究所等：《宁城县岳家杖子辽萧府君墓清理记》，《内蒙古文物考古文集》第1辑，科学出版社，1994年。

凑，总体变化趋势与A型相同。

(三) 丙类（两正室无耳室）

丙类墓葬仅有两个正室，无耳室。根据墓葬规模和特征差别可分为两型。

A型：墓室规模较大，前室与后室之间直接相连，无明显的过渡，前室进深较长，前室方形，后室八角形。以关山M3[53]为代表（图四，1），另外包括关山M1[54]、M2[55]、M6[56]、萧府君墓[57]和小王力沟M1[58]。

B型：墓室尺寸和整个规模较A型小，前后室之间有明显的间隔和过渡。根据墓室形状不同可分为若干亚型。

Ba型：3例，以耿崇美墓[59]（图四，2）为代表，另外包括耿延毅墓[60]和张世卿墓[61]。前后室均为正方形。

Bb型：2例，以白家窝铺墓[62]为代表（图四，3），另外包括百万庄墓[63]。前后室均为圆形。

Bc型：2例，以张匡正墓[64]（图四，4）为代表，另外包括张文藻墓[65]。前室为方形，后室为圆形。

Bd型：2例，以宣化M6[66]为代表（图四，6）。前室为方形，后室为八角形。

Be型：1例，以张世古墓[67]为代表（图四，5），前室为方形，后室为六角形。

(四) 丁类（单室）

仅有一个正室，极少数带一个耳室。按照墓室形状的不同可分为若干型。丁类墓葬数量众多，以下各型均选择代表性墓葬，不再全部列举和统计。

A型：墓室规模较大，长度（直径）大约在4米以上，墓道及甬道的长度亦较长。分三式：

Ⅰ式：宝山墓群M1[68]和M2[69]，平面为弧形的方形。

Ⅱ式：以小王力沟M2[70]为代表。

Ⅲ式：红花岭墓[71]为代表。

变化趋势：墓室形状由方形到圆形，再到八角形。

B型：墓室规模相对较小，长度（直径）在4米以下，墓道和甬道的长度亦比较短。

Ba 型：平面近扁圆，以八王寺 2004DBSM10 为代表[72]。

Bb 型，平面呈比较规整的正圆形。以韩佚墓[73]、韩相墓[74]、新乐 M1[75]、M2[76]、辽宁大学辽墓[77]、修女院 M6[78]、李进墓[79]、胡化墓[80]、孙允中墓[81]、宣化 M3（张世本墓）[82]、萧孝忠[83]、馨钻界 M1[84]、M2[85]、八王寺 2004DBSM1[86]、马家堡墓[87]、青云店 M2[88]、杨各庄 M2[89] 等为代表。

Bc 型：墓室平面呈六角形。以龚祥墓[90]、八王寺 2005DYIIM1[91] 为代表。

Bd 型：墓室平面呈八角形。以大平滩墓[92]、西永丰村墓[93] 为代表。

Be 型：平面呈马蹄形。以沈阳八王寺 2004DBSM5[94] 和法库王家窝铺墓[95]。另外八王寺同一墓群另有几例墓葬疑似为马蹄形，但墓葬保存不完整，形状尚不明确[96]。

Bf 型：平面呈舟形。以八王寺 2004DBSM11[97] 为代表。

二、年代与分期

（一）甲类

甲类 A 型的赵德钧墓时代依据墓志为 937—958 年之间。B 型 I 式庆东陵国内学者一般认为主人是圣宗，时代为 1031 年；而 II 式中陵和西陵应分别为兴宗和道宗的陵墓，时代分别为 1055 年和 1101 年。Ca 型 I 式的祖陵一号陪葬陵，最新的发掘报告中认为墓主人是耶律李胡，墓葬时代为 960 年；II 式的韩匡嗣墓时代为 985 年。Cb 型的驸马墓时代为 959 年。

（二）乙类

乙类 Aa 型 I 式的耶律羽之墓时代为 941 年，代钦塔拉 M3 的时代约在 10 世纪前期，库伦 M3、M4 的时代可能稍晚，大约在 10 世纪中期以前；II 式的陈国公主墓时代为 1018 年，大长公主墓时代为 1038 年；白音长汗韩氏 M2、叶茂台 M22 和奈林镐墓的时代大约均在 11 世纪前期；III 式的萧合墓时代为 1021 年左右，

[58] 内蒙古文物考古研究所等：《内蒙古多伦县小王力沟辽代墓葬》，《考古》2016 年第 10 期。

[59] 朝阳博物馆等：《辽宁朝阳市姑营子辽代耿氏家族 3、4 号墓发掘简报》，《考古》2011 年第 8 期。

[60] 同 [59]。

[61] 河北省文物研究所：《宣化辽墓——1974—1993 年考古发掘报告》，文物出版社，2001 年。

[62] 辽西博物馆等：《辽宁北漂白家窝堡辽代墓葬》，《北方文物》2008 年第 4 期。

[63] 北京市文物工作队：《北京西郊百万庄辽墓发掘简报》，《考古》1963 年第 3 期。

[64] 河北省文物研究所：《宣化辽墓——1974—1993 年考古发掘报告》，文物出版社，2001 年。

[65] 同 [64]。

[66] 同 [64]。

[67] 同 [64]。

[68] 内蒙古文物考古研究所等：《内蒙古赤峰宝山辽壁画墓发掘简报》，《文物》1998 年第 1 期。

[69] 同 [68]。

[70] 内蒙古文物考古研究所等：《内蒙古多伦县小王力沟辽代墓葬》，《考古》2016 年第 10 期。

[71] 沈阳市文物考古研究所：《法库红花岭辽墓发掘报告》，《沈阳考古文集》第 1 集，科学出版社，2007 年。

[72] 沈阳市文物考古研究所：《沈阳八王寺地区考古发掘报告》，辽海出版社，2011 年。

[73] 北京市文物工作队：《辽韩佚墓发掘报告》，《考古学报》1984 年第 3 期。

[74] 河北省博物馆文物管理处：《河北迁安上芦村辽韩相墓》，《考古》1973 年第 5 期。

[75] 刘翠红：《沈阳新乐遗址辽墓发掘简报》，《沈阳考古文集》第2集，科学出版社，2009年。

[76] 同[75]。

[77] 沈阳市文物考古研究所：《辽宁大学院内辽墓的发掘》，《边疆考古研究》第5辑，科学出版社，2006年。

[78] 沈阳市文物考古研究所：《沈阳热闹路天主教修女院古代墓群2006年考古发掘报告》，《沈阳考古文集》第1集，科学出版社，2007年。

[79] 东北博物馆：《辽李进墓发掘报告》，《文物参考资料》1951年第2卷第2期。

[80] 沈阳市文物管理办公室：《沈阳市文物志》第三章"古墓葬"，沈阳出版社，1993年。

[81] 金毓黻：《辽金旧墓记》，《东北丛刊》1932年第7期。

[82] 河北省文物研究所：《宣化辽墓——1974—1993年考古发掘报告》，文物出版社，2001年。

[83] 雁羽：《锦西西孤山辽萧孝忠墓清理简报》，《考古》1960年第2期。

[84] 廊坊市文物管理处：《廊坊市馨钻界小区辽代墓群发掘报告》，《文物春秋》2009年第2期。

[85] 同[84]。

[86] 沈阳市文物考古研究所：《沈阳八王寺地区考古发掘报告》，辽海出版社，2011年。

[87] 大同市博物馆：《山西大同市东郊马家堡辽墓》，《考古》2005年第11期。

[88] 北京市文物研究所：《北京大兴区青云店辽墓》，《考古》2004年第2期。

[89] 北京市文物研究所：《北京大兴区杨各庄墓地发掘简报》，《文物春秋》2010年第3期。

[90] 尚晓波：《辽宁朝阳发现辽代龚祥墓志》，《北方文物》1989年第4期。

Ⅳ式的萧义墓时代为1112年，鸽子洞墓依原报告时代为1065—1074年。Ab型墓中耶律宗正墓的时代为1053年，耶律氏墓时代为1116年，关山M5的时代依原报告应在10世纪末至11世纪初，库伦M1的时代约在11世纪中期；变体墓关山M9（萧知微夫妻合葬墓）的时代为1069年或1070年。

B型Ⅰ式的关山M7时代约在970年前后，叶茂台M7的时代与关山M7相当，浩特花M1、骆驼山墓、李贝堡99M1和梯子庙M3的时代大体均在11世纪前期以前；Ⅱ式的耶律延宁墓时代为986年，床金沟M5的时代与耶律延宁墓相当，平原公主墓时代为1018年，奈林镐墓和白音长汗韩氏M1时代大体在11世纪前期；Ⅲ式萧仅墓时代为1029年，另外包括叶茂台M23和骆驼岭墓时代大约在11世纪中期；Ⅳ式萧袍鲁墓时代1090年，萧阁墓的时代为1071年，耶律宗教墓时代为1053年。

（三）丙类

A型关山M3（萧知行夫妻合葬墓）时代为1068年，关山M1（萧德温墓）时代为1075年，M2（萧德恭夫妻合葬墓）时代为1073年，M6时代依原报告在大（太）康元年之后，萧府君墓时代为1072年，小王力沟M1时代大约为11世纪前期，应为A型墓中时代较早者，A型墓的总体时代在11世纪后期。

Ba型耿崇美墓时代为970年，耿延毅墓时代为1019年，张世卿墓时代为1116年，时代从10世纪后期一直持续到12世纪前期。

Bb型的白家窝铺墓、百万庄墓时代为辽晚期。

Bc型的张匡正墓时代为1093年，张文藻墓时代为1093年，时代均为11世纪后期。

Bd型的宣化M6和耶律昌允墓（1063年）时代均为辽晚期。

Be型的张世古墓时代为1117年。

（四）丁类

A型Ⅰ式的宝山M1时代和M2时代在辽初；Ⅱ式的小王力沟M2时代为995年，属于辽中期；Ⅲ式的红花岭墓时代为辽晚期。

Ba型的八王寺2004DBSM10时代大体在10世纪后期。

表1 辽代砖形制德总体时代变化特征

类	型	式	一期（916—982）	二期（983—1055）	三期（1056—1125）
甲	A		√		
	B	I		√	
		II			√
	Ca	I	√		
		II		√	
	Cb		√		
乙	Aa	I	√		
		II		√	
		III		√	√
		IV			√
	Ab	I	√		
		II		√	√
		III			√
	B	I	√		
		II		√	
		III		√	
		IV			√
丙	A			√	√
	Ba		√	√	√
	Bb				√
	Bc				√
	Bd				√
	Be				√
丁	A	I	√		
		II		√	
		III			√
	Ba				
	Bb			√	√
	Bc				√
	Bd			√	√
	Be				√
	Bf			√	

[91] 沈阳市文物考古研究所：《沈阳八王寺地区考古发掘报告》，辽海出版社，2011年。
[92] 辽宁省文物考古研究所：《辽宁省北宁市鲍家乡桃源村大平滩辽墓》，《北方文物》2002年1期。
[93] 廊坊市文物管理处：《廊坊市安次区西永丰村辽代壁画墓》，《文物春秋》2001年第4期。
[94] 沈阳市文物考古研究所：《沈阳八王寺地区考古发掘报告》，辽海出版社，2011年。
[95] 沈阳市文物考古研究所：《法库县四家子乡王家窝堡辽墓发掘汇报》，《沈阳考古文集》第五集，科学出版社，2015年。
[96] 沈阳市文物考古研究所：《沈阳八王寺地区考古发掘报告》，辽海出版社，2011年。
[97] 同[96]。
[98] 刘未：《辽代墓葬的考古学研究》，科学出版社，2016年。

Bb型中纪年墓有韩佚墓（997年）、李进墓（1012年）、韩相墓（1017年）、胡化墓（1038年）、孙允中墓（1031年）和萧孝忠墓（1089年）。非纪年的新乐M1、M2、辽宁大学辽墓、修女院M6、八王寺、张世本墓为1144年。馨钻界M1、M2、八王寺2004DBSM1、马家堡墓、青云店M2、杨各庄M2、朝阳市区M2等时代均在11世纪中后期。

Bc的龚祥墓时代为1104年，八王寺2005DYIIM1时代大致为辽末，下限或可到金代。

Bd的大平滩墓和西永丰墓时代大致在辽中晚期。

Be的八王寺2004DBSM5和法库王家窝铺墓时代在辽晚期。

Bf的八王寺2004DBSM11时代大致为辽中期。

（五）分期

根据以上对各类型墓葬时代的梳理，现可将其加以整合，以对辽代砖室墓形制的总体时代变化特征有所认识，现以表格形式表述于表1。

通过上表可以看出，辽代砖室墓的形制变化具备整体上的时代性特点，大体可分为三个发展阶段。

一期：时代大体与辽早期对应，即太祖、太宗和穆宗时期。本阶段流行的墓葬类型有甲类A型、Ca型I式和Cb型；乙类Aa、Ab和B型的I式；丙类Ba型和丁类A型I式。墓葬总体数量较少，类型也不丰富，墓室平面形状比较单一，基本以方形为主，但反映出这一时期墓葬制度的执行似乎比较严格。

二期：时代大体与辽中期对应，即景宗与圣宗时期。本阶段流行的墓葬类型有甲类B型I式、Ca型II式；乙类Aa、Ab、B型的II式和Ab型III式；丙类A型和Ba型；以及丁类A型II式和Bb、Bd和Bf型。本期甲类和乙类大型多室墓主室和耳室形状发生了明显的变化，普遍开始由方形转向圆形，耳室为方形的多室墓还占有一定比例，末段个别墓葬的主室开始出现八角形的形状。丙类和丁类墓葬的数量较前一阶段有大幅的增加，类型更加丰富多样，墓室的形制和结构较前期更为复杂，且更加富于变化。

三期：时代大体与辽晚期对应，即道宗与天祚帝时期。本阶段流行的墓葬类型有甲类 B 型 I 式、Ca 型 II 式；乙类 Aa、Ab 的 III 式和 Ab 型、B 型 IV 式；丙类 A 型和 Ba 型；丁类 A 型 III 式、Bb、Bc、Bd 和 Be 型。本期甲类和乙类大型多室墓的墓室形状几乎完全被多角形取代，具体情况是主室基本为八角形，耳室分八角和六角，另外仅少量墓葬耳室保留为方形，圆形墓室无论主室和耳室基本不见。墓葬的总体结构更加紧凑，主室与耳室的外轮廓基本相连。丙类和丁类墓葬数量和种类较前期有所增加。

通过对各阶段墓葬形制变化的梳理，还可以发现一些总体规律，即甲、乙类大型多室墓及丁类 A 型的大型单室墓，墓葬形制比较固定，墓室的平面形状变化十分规律，发展轨迹清晰，墓葬制度化发展趋势明显。而丙类和丁类的形状变化多样，总体发展呈现不规律性。类型和数量总体上随时代推移各期都有所增加，至三期尤为明显，这可能与辽代历史发展进程中，中下层人口数量不断增加，且辽晚期上层统治逐渐瓦解，下级墓葬出现越制情况有关。

三、等级与来源

（一）等级

以上各类型墓葬，在形制规模和墓室数量上的差异，代表了不同的墓葬等级和墓主人身份地位的高低。甲类墓葬中 B 型均出自庆陵，代表的是圣宗、兴宗和道宗三位皇帝皇陵的地宫形制。A 型的赵德钧墓，墓室数量甚至多于皇陵地宫，其建筑当时有着特殊的历史背景，也是按照皇陵级别建造。C 型中的 Cb 型和 Ca 型 II 式，分别为驸马墓和韩氏家族墓，Ca 型 I 式祖陵一号陪葬墓，葬于祖陵园区内，发掘者推测墓葬人为太祖三子耶律李胡，三个墓主人虽非帝王，但也均为重要的皇亲国戚或当朝重臣，其墓葬总体规模略低于帝陵，耳室数量较 A、B 型少，与其身份相符，代表了仅次于帝陵的契丹大贵族墓葬形制。且 C 型墓葬目前发现时代最晚者，也在 10 世纪之前，这似乎表明大体自 11 世纪前期开始，无论耳室数量多少，帝陵以下已不再使用三正室的墓葬形制，这是契丹统治阶层墓葬逐渐完成制度化的体现。

乙类墓葬中 Aa 型耳室与主室形状始终保持高度一致，这一特点与更高级别的甲类墓葬同，Aa 型墓葬规模也略大于同类的 Ab 型和 B 型，从墓主人身份看，Aa 型中身份明确的耶律羽之、陈国公主、大长公主、萧合和萧义，三位宰相两位公主，且从史料记载看，都深得当朝皇帝的宠信，其地位较同时代其他契丹大贵族为高。墓葬在形制上的细微差别，也是墓主人身份差别的体现所在。另外值得注意的是，乙类 Aa 型墓主的身份等级大体应与甲类 C 型相当，从时代上看，前者似乎是后者在进入 11 世纪后的延续，说明甲类 C 型进入 11 世纪后逐渐并入到了乙类 Aa 型中来，并形成了固定的发展轨迹。二者共同体现了契丹大贵族阶层墓葬发展制度化的进程。而乙类另外的 Ab 型和 B 型，代表了级别略低于 Aa 型的其他契丹大贵族阶层。

丙类墓葬中 A 型墓集中的阜新关山萧合家族墓群，墓主人萧知行、萧德温、萧德恭等，所处时代处于家族的衰落期，墓葬规模、级别和墓主人身份地位明显低于萧合墓，另外的萧府君墓和小王力沟 M1，身份等级大体与上述几座墓葬相当，丙类 A 型所代表的大体为契丹贵族阶层中的中等阶层。B 型墓葬集中出现于辽宁朝阳耿氏墓地和河北宣化张氏墓地，墓主人均为汉族，耿崇美为太祖阿保机重用的汉族官员，妻子为耶律氏皇族，其墓葬形制代表了汉族官员中较高的级别，从时代上看耿氏墓地处于辽中期，而早于辽晚期张氏墓地。张氏墓地除张世卿为官员外，其他属于当地富户，此类墓葬墓主人身份的转变，似乎也是辽晚期统治松弛、社会动荡的表现。张氏墓地及另一座出于北京的 B 型墓葬百万庄墓，所在的京冀地区在辽晚期是辽南京范围内汉族经济文化十分发达的中心地带，所以墓葬等级高于周边其他汉族墓葬分布区。

丁类墓葬 A 型 I 式的宝山 M1、M2，是目前已知契丹贵族大型砖室墓中年代最早者，时代在公元 920 年前后，在辽建国初期大型高等级墓葬实际数量非常稀少的情况下，宝山两座单室砖墓的级别应该高于后期同型的小王力沟 M2（II 式）和红花岭墓（III 式）。由于目前大型多室墓最早有确切纪年的墓葬为耶律羽之墓（942 年），因此有学者认为辽早期契丹大型砖室墓有从单室向多室过渡的发展过程[98]。由于目前辽初帝陵祖陵的地宫形制尚不清楚，而宝山墓群至多只能代表帝陵以下级别契丹贵族的墓葬形制情况，因此祖陵地宫是目前解决辽初（10世纪40年代之前）是否就已经存在大型多室墓的关键所在。从目前墓葬等级分布、发展轨迹和墓葬来源（见下文）上看，笔者认为祖陵地宫为多室墓的可能性更大，这只有等待地宫开启的时刻才能加以证实。单室宝山两座墓葬的等级可能相当于仅次于皇陵的契丹大贵族阶层（甲类C型），是值得肯定的。而A型后来的小王力沟M2和红花岭墓，墓葬级别大体相当于丙类A型，属于契丹贵族中的中等阶层。

丁类B型墓中，身份明确的韩佚、李进、韩相、胡化、孙允中等均为汉族中下层官员，其他同型墓葬墓主大体为辽代汉族中具有一定经济实力的富户。唯一的非汉族墓萧孝忠墓，经学者考证墓主可能为奚人，奚族在辽代属于被契丹族统治的少数民族，其墓葬等级理应低于契丹中等以上的贵族阶层，大体应用汉族高级别官员和富户相当（丙类、丁类B型），这就从墓葬等级角度为探索奚族墓葬属性和面貌提供了新的界定参考。

（二）来源

关于辽墓来源问题，以往研究通过墓葬形制和壁画等方面，基本均认为辽墓继承了唐墓的传统。但近年来有新的研究成果表明，辽墓与传统以唐都长安地区为中心的传统北方大型高等级唐墓，在形制面貌上还存在较大差异，而与唐以后和辽时代并行的五代十国时期墓葬存在较多相似之处，特别是与北方五代政权同时期的南方十国大型贵族墓葬有较为密切的联系[99]。这为进一步探索辽代砖室墓的来源问题提供了有价值的新线索。

通过比较不难发现，代表辽代墓葬最高级别的皇陵地宫，前、中、后三正室，按中轴线对称的特点，与南方十国南唐二陵即前蜀王建永陵为代表的帝陵相近。虽然宿白先生已推测唐代帝陵的地宫也应为前、中、后三正室，但目前尚未见唐陵发掘的实例，且目前所见唐大型贵族墓葬多为不以中轴线对称的刀把形，且大多不带耳室，竖穴土圹墓仍占有一定比例多，这些特征均与辽大型砖室墓不符。因此从墓葬特征、时代及墓主人身份等级的对应程度上看，代表辽代帝王和辽早期带三个正室的皇室贵族等级的甲类墓葬更有可能是受到南方十国皇陵的直接影响，并直接影响

[99] 林栋：《试论辽代契丹墓葬的棺尸床》，《北方民族考古》第2辑，科学出版社，2015年。

到帝陵以下等级的契丹大贵族阶层墓葬。辽早期墓葬墓室均为方形的特征，也符合这一时期五代十国墓葬的总体时代特点。

进入辽中期以来，大型砖室墓在继承了早期传统的同时，最大的变化就是墓室的形状由方形变为圆形。此前已有学者研究指出，圆形砖室墓大体起源于公元6世纪的北方山西、河北地区。隋唐之际在我国北方一直得到沿用，但只在低级别的小型单室墓中流行。圆形砖室墓真正登上封建王朝统治阶层历史舞台当在宋辽之际。具体来说，笔者认为辽代高等级圆形砖室墓的出现，是直接受到北宋王朝建立的影响，原因主要有以下几点：一是圆形墓的发源地正处于北方中原地区北宋政权统治的中心地带，长期以来一直有建造圆形墓的地方传统和条件，北宋统治阶层建立政权后，摒弃了唐五代时期贵族阶层墓葬流行的刀把形和方形墓葬，而在上层贵族中大力推崇圆形墓，虽然目前的北宋皇陵地宫均尚未发掘，但发掘的目前北宋等级最高的皇陵陪葬元德李后墓形状为标准的圆形，且为单室墓，带有强烈的信号让我们相信北宋皇陵也应使用圆形墓的形制。二是宋太祖南下统一中国南北方后，取代了南方十国时期各个政权，切断了辽朝与原南方政权的直接联系，原南方十国同时期出现多座帝陵的盛况已一去不返，辽王朝此时能够学习和效仿的汉族先进礼制和文化只有北宋，从宋地进入辽地的修墓工匠，此时也将建造圆形墓的理念和技术带到了辽地。辽中期京城的形制同样明显模仿了北宋都城，而与辽早期都城上京城差别较大，也是北宋王朝建立后对辽朝产生巨大影响的佐证。

至辽晚期，多角形墓室开始取代圆形，成为辽代上层社会新的主流。多角形砖室墓无论在形制特征、制作工艺还是室内仿木砖雕装饰上，均与宋辽时期的多角形佛塔如出一辙。而多角形的砖墓与砖塔，所共同的模仿对象当为多角形的木塔，这从三者出现的时代早晚顺序上即能看出。多角形砖室墓的出现时代最晚，已达到11世纪的前期，从目前发现的情况看，在辽墓中出现的时间要早于宋墓。辽中晚期时统治阶层对佛教的推崇达到了顶峰，全境范围内寺院和佛塔的修建更是达到了空前的规模，而当时修建多角形砖塔与修建砖室墓的很可能为同一批工匠，砖塔的技术和理念最终影响到了砖室墓的建造。因此辽代统治阶层对佛教的大力宣扬和推崇，可能是辽墓从圆形转变为多角形的动因。

图书在版编目（CIP）数据

　　金颜永昼：康平辽代契丹贵族墓专题／北京辽金城垣博物馆编. -- 北京：北京联合出版公司，2019.8
　　ISBN 978-7-5596-3369-9

　　Ⅰ. ①金… Ⅱ. ①北… Ⅲ. ①契丹－出土文物－古代少数民族考古－辽宁－辽代－图录. ①K874.02

　　中国版本图书馆 CIP 数据核字 (2019) 第 126210 号

主　　编： 孟繁涛　王清林
执行主编： 杨世敏　赵晓刚
副 主 编： 陈晓敏　付永平　林　栋
器物说明： 付永平　林　栋

金颜永昼——康平辽代契丹贵族墓专题

责任编辑：章懿
出版发行：北京联合出版有限责任公司／北京联合天畅发行公司
社址：北京市西城区德外大街 83 号楼 9 层
邮编：100088
电话：（010）64256863
印刷：北京富诚彩色印刷有限公司
开本：787mm×1092mm　1/16
字数：200 千字
印张：10
版次：2019 年 8 月第 1 版
印次：2019 年 8 月第 1 次印刷
ISBN 978-7-5596-3369-9
定价：368.00 元

文献分社出品

未经许可，不得以任何方式复制或抄袭本书部分或全部内容
版权所有，侵权必究